ESTUDIOS BÍBLICOS PARA NIÑOS
1 y 2 SAMUEL

> El primer Esgrima Bíblico Infantil, creado por el Rdo. William Young, se presentó en la Convención General de la Sociedad de Jóvenes Nazarenos de 1968 en Kansas City, Missouri (EUA). Se realizó con tres equipos de demostración del Distrito Kansas City: Kansas City First, Kansas City St. Paul's y Overland Park.

Niños Primeros • Estudios Bíblicos para Niños : 1 Y 2 DE SAMUEL

REVISADO el 17/11/2022

Copyright © 2022
Nazarene Publishing House

kidzfirstpublications.org

ISBN 978-1-56344-974-1

Editora de la versión en inglés: Dorothy Witt

Ilustración de portada: Megan Goodwin

Publicado por Niños Primeros (KidzFirst Publications)
Una marca de Nazarene Discipleship International
The Church of the Nazarene, Inc.
17001 Prairie Star Parkway
Lenexa, KS 66220 (EE. UU.)

Esta edición se publicó mediante un acuerdo con
Nazarene Publishing House
Kansas City, Missouri, Estados Unidos

Todos los derechos reservados.

Todas las citas bíblicas en esta publicación son de la Santa Biblia, Reina Valera 1960.

CONTENIDO

RESUMEN DE LA SERIE DE ESTUDIOS BÍBLICOS PARA NIÑOS / 4

PREPARACIÓN DEL MAESTRO / 6

20 LECCIONES DE LA BIBLIA / 10

PREGUNTAS DE REVISIÓN PARA EXAMEN BÍBLICO / 124

ACTIVIDADES DE VERSÍCULOS PARA MEMORIZAR / 164

CERTIFICADO DE FINALIZACIÓN / 168

RECONOCIMIENTO A LA EXCELENCIA / 169

REGISTRO DE ASSITENCIA / 170

TABLA DE PUNTAJE DEL ESGRIMA INFANTIL / 171

BIENVENIDA Y PANORAMA GENERAL

¡Bienvenido a la serie de *Estudios Bíblicos para Niños* que celebra el discipulado genuino a través de la Palabra transformadora de Dios!

Estos estudios ayudan a los niños, de 6 a 12 años, a obtener una comprensión práctica de la Biblia. Por medio de esta serie, los niños ven la historia de Dios a través de las vidas de personas reales y eventos históricos. Ven el amor de Dios revelado mediante palabras, acciones y milagros. Aprenden cómo Dios actúa a través de personas comunes y descubren su lugar en el plan de Dios para redimir al mundo.

Cada lección incluye el contexto bíblico, el contenido y actividades de repaso. Además, la lección le brinda al profesor preguntas de discusión y de repaso. Las preguntas de repaso de los niveles rojo y azul preparan a los niños para participar en un evento opcional de esgrima bíblico.

RESUMEN DE LA SERIE DE *ESTUDIOS BÍBLICOS PARA NIÑOS*

GÉNESIS

Este estudio proporciona el fundamento de toda la serie. Describe la relación de Dios con toda la creación y su deseo de establecer un pueblo que lo adore. El estudio explica cómo Dios creó el mundo de la nada, formó un hombre y una mujer y creó un hermoso jardín para que fuera su hogar. Revela cómo el mal, el pecado y la vergüenza llegaron al mundo y las consecuencias de las malas decisiones. El Génesis presenta el plan de Dios para reconciliar la relación que se había roto por el pecado. Presenta a Adán, Eva, Noé, Abraham, Isaac y Jacob. Cuenta el pacto que Dios hizo con Abraham y cómo Jacob llegó a ser conocido como Israel. El Génesis cuenta la historia de José, que salva a los egipcios del hambre. Termina con el traslado del pueblo israelita a Egipto para escapar de la hambruna.

ÉXODO

El Éxodo explica cómo Dios siguió cumpliendo su promesa a Abraham. Describe cómo Faraón esclavizó a los israelitas. Revela cómo Dios utilizó a Moisés para rescatar a los israelitas de la esclavitud. En el Éxodo, Dios estableció su autoridad sobre los israelitas. Los guio a través del sacerdocio, el Tabernáculo, los Diez Mandamientos y otras leyes. Dios preparó a los israelitas para que fueran su pueblo y entraran a la Tierra Prometida. Al terminar el Éxodo, sólo se completa una parte del pacto de Dios con Abraham.

JOSUÉ, JUECES Y RUT

Este estudio explica cómo Dios cumplió su promesa hecha a Abraham. Cuando Moisés estaba cerca del final de su vida, Dios eligió a Josué para dirigir a los israelitas. Josué condujo a las 12 tribus de Israel para que conquistaran la Tierra Prometida y vivieran en ella. Después de la muerte de Josué, los israelitas tuvieron dificultades para obedecer a Dios. Obedecían, luego desobedecían y después sufrían las consecuencias de la desobediencia. Cuando el pueblo sufría por sus decisiones infieles, Dios llamaba a los jueces para que guiaran a los israelitas a obedecer fielmente al Señor. Este estudio se centra en los jueces Débora, Gedeón y Sansón. La historia de Rut tiene lugar durante esta época de sufrimiento. Rut, Noemí y Booz muestran el amor y la compasión de Dios en medio de circunstancias difíciles. Dios bendijo su fidelidad y redimió sus circunstancias. Rut se convirtió en la bisabuela del rey David.

1 Y 2 DE SAMUEL

El estudio de 1 y 2 Samuel comienza con la vida y el ministerio del último juez de Israel, Samuel. Samuel siguió a Dios durante el tiempo que dirigió a Israel. Los israelitas exigían un rey como las naciones de su entorno. Con la guía del Señor, Samuel ungió a Saúl como primer rey de Israel. Saúl

comenzó bien su reinado, pero luego se alejó de Dios. Por ello, David fue elegido y ungido como el siguiente rey de Israel. David confió en Dios para que lo ayudara a hacer cosas imposibles. David se dedicó a Dios. Pero David fue tentado y eligió pecar. A diferencia de Saúl, David se lamentó por su pecado. Le pidió a Dios que lo perdonara. Dios restauró su relación con David, pero las consecuencias del pecado permanecieron con David, su familia y la nación de Israel. A lo largo de estas historias de confusión, la presencia de Dios permaneció constante. El rey David preparó el camino para un nuevo tipo de rey: Jesús.

MATEO

Este estudio es el punto central de toda la serie. Los estudios anteriores señalan a Jesús como el Mesías prometido y el Hijo de Dios. Este estudio se centra en el nacimiento, el ministerio, la crucifixión y la resurrección de Jesús. Jesús inauguró una nueva era. Los niños aprenden sobre esta nueva era a través de varios acontecimientos: las enseñanzas de Jesús, el mentoreo de sus discípulos, su muerte y su resurrección. Jesús enseña lo que significa vivir en el reino de los cielos. A través de Jesús, Dios ofrece un nuevo camino para que todas las personas tengan una relación con él.

HECHOS

Hechos registra el nacimiento de la iglesia y su crecimiento, especialmente a través de los ministerios de Pedro y Pablo. Al principio de este estudio, Jesús ascendió al cielo y Dios envió al Espíritu Santo a todos los creyentes. La buena noticia de la salvación por medio de Jesucristo se extendió a muchas partes del mundo. Los apóstoles predicaron el Evangelio a los gentiles y comenzó la labor misionera. El mensaje del amor de Dios transformó tanto a los judíos como a los gentiles. Se puede ver una conexión directa entre el evangelismo de Pablo y Pedro y la vida de la gente de hoy.

PREPARACIÓN DEL MAESTRO

Es importante prepararse a fondo para cada lección. Los niños están más atentos y comprenden mejor cuando el estudio se presenta bien. Si el maestro se prepara bien, también presentará bien la lección.

Todas las lecciones contienen los siguientes elementos.

Versículo para memorizar: Cada lección incluye versículos para que los niños los memoricen. Estos versículos apoyan la "Verdad sobre Dios". Los niños conocerán al Dios de la Biblia a través de su Palabra.

Verdades sobre Dios: Estas verdades ayudan al maestro a reconocer y enfatizar cómo las acciones de Dios revelan su carácter y amor por todas las personas. El maestro debe enfatizar las "verdades sobre Dios" al enseñar la lección.

Enfoque y resumen de la lección: Esta sección destaca las ideas principales, los eventos y las escrituras que cubre la lección.

Antecedentes bíblicos: Esta sección proporciona al maestro más información sobre la historia bíblica. Le ayudará a comprender mejor el pasaje bíblico. La información enriquece los conocimientos y habilidades del maestro.

¿Sabías que...?: Ofrece un dato interesante sobre el contexto de la historia.

Vocabulario: Estas palabras y definiciones ayudarán al profesor a explicar el significado de las palabras utilizadas en la Biblia.

Narración de la historia: Esta sección sugiere un método narrativo para conectar a los niños con la historia bíblica.

Lección bíblica: Se centra en la lectura de la Biblia y en preguntas de debate. Esto ayudará a los niños a aplicar la historia a sus vidas.

Práctica de memorización de versículos: Esta actividad ayuda a los niños a memorizar el versículo de cada lección.

Actividades adicionales: Esta sección incluye un juego, una manualidad u otra actividad para conectar a los niños con la lección. Estas actividades refuerzan los puntos principales.

Actividades para niños mayores: Estas actividades están diseñadas para que los niños mayores se involucren con el punto principal.

Práctica para una competencia de esgrima bíblico: Esta sección contiene preguntas para repasar la lección. Las preguntas de repaso preparan a los niños para participar en una competencia opcional de esgrima bíblico.

Estudios Bíblicos para Niños
www.KidzFirstPublications.org

1 y 2 de Samuel

SECUENCIA DE PREPARACIÓN

Los siguientes pasos describen la secuencia de preparación recomendada para el maestro.

PASO 1: REPASO DE LA LECCIÓN

Debe leer detenidamente toda la lección. Preste especial atención al versículo para memorizar, a las verdades sobre Dios, al enfoque y resumen de la lección y a los consejos bíblicos para la enseñanza de la lección.

PASO 2: PASAJE BÍBLICO Y ANTECEDENTES BÍBLICOS

Estudie los versículos de la Biblia, el antecedente bíblico y las secciones de vocabulario.

PASO 3: NARRACIÓN DE LA HISTORIA

El texto en **negritas** de cada estudio le sugiere las palabras que debe decir a los niños.

Esta sección incluye un juego u otra actividad para preparar a los niños para la lección bíblica. Familiarícese con la actividad, las instrucciones y los materiales. Prepare y lleve los materiales necesarios a la clase. Prepare la actividad antes de que lleguen los niños.

PASO 4: LECCIÓN BÍBLICA

Repase la lección y apréndala lo suficientemente bien como para contar la historia de manera que los niños entiendan los puntos principales. Aprenda las definiciones de las palabras del vocabulario. Cuando aparezcan las palabras del vocabulario, haga una pausa para explicarlas. Después de la historia, plantee las preguntas para el debate. Esto ayudará a los niños a entender y aplicar la historia a sus vidas.

PASO 5: VERSÍCULO PARA MEMORIZAR

Memorice el versículo antes de enseñárselo a los niños. La página 172 contiene una lista de los versículos para memorizar. Las páginas 124-127 contienen sugerencias de actividades para memorizar el versículo. Elija una actividad que ayude a los niños a aprender el versículo para memorizar. Prepare el material que llevará a la clase. Familiarícese con la actividad y practique la forma en que instruirá a los niños.

PASO 6: ACTIVIDADES ADICIONALES

El propósito de cualquier actividad es conectar a los niños con la lección. Sea creativo. Haga ajustes o sustituciones en los juegos y materiales para que se adapten a su cultura y contexto. Las actividades adicionales son opcionales. Mejoran el estudio de los niños si decide utilizarlas. Muchas de estas actividades requieren materiales, recursos y tiempo adicionales. Familiarícese con una actividad antes de elegirla. Lea las instrucciones y prepare el material que traerá a la clase.

PASO 7: PRÁCTICA PARA UNA COMPETENCIA DE ESGRIMA BÍBLICO

Una competencia de esgrima bíblico es una parte opcional de los *Estudios Bíblicos para Niños*. Si decide participar en un esgrima bíblico, debe planificar el tiempo suficiente para preparar a los niños. Se incluyen dos niveles de preguntas de práctica para cada estudio. Las preguntas del nivel rojo preparan a los niños para una competencia de nivel básico. Las preguntas son sencillas. Cada pregunta ofrece tres respuestas posibles. Las preguntas del nivel azul preparan a los niños para una competencia más avanzada. Las preguntas suponen un mayor reto y ofrecen cuatro respuestas posibles. Con la orientación de su maestro, los niños pueden elegir el nivel que prefieran para la competencia de esgrima, ya sea rojo o azul. Según el número de niños y los recursos disponibles, puede elegir ofrecer sólo el nivel rojo o sólo el azul.

Lea el "Pasaje de las Escrituras" a los niños antes de hacer las preguntas de práctica.

HORARIO SUGERIDO

Debe planificar para una o dos horas de clase. El siguiente es un horario sugerido para cada lección con opciones de 90 minutos y 2 horas. Puede ajustar el horario según sea necesario.

1½ hora	2 horas	
5 minutos		Deberá repasar la lección de la semana anterior con los niños que lleguen temprano. También puede optar por repasar los versículos para memorizar, las historias o las palabras de vocabulario para la lección de hoy.
5 minutos	10 minutos	Actividad de apertura de narración de la historia
10 minutos	10 minutos	Historia bíblica
5 minutos	10 minutos	Repaso
10 minutos	15 minutos	Actividad opcional
10 minutos	15 minutos	Lección bíblica
10 minutos	15 minutos	Actividad de versículos para memorizar
	10 minutos	Actividad opcional
30 minutos	30 minutos	Práctica de una competencia de esgrima bíblico
5 minutos	5 minutos	Repaso de los puntos principales y oración

CICLO DE SEIS AÑOS PARA LAS COMPETENCIAS DE ESGRIMA BÍBLICO

El siguiente ciclo se incluye para aquellos que participan en la opción de competencias de esgrima bíblico de *Estudios Bíblicos para Niños*.

El ciclo anual se basa en el año escolar de cada país. La competencia mundial de esgrima se realiza cada cuatro años en junio.

Génesis • Éxodo • Josué, Jueces y Rut • 1 y 2 Samuel • Mateo • Hechos

Para obtener información sobre el estudio del año en curso, visite *kidzfirstpublications.org*.

Lección 1

UNA ORACIÓN Y UNA PROMESA
1 SAMUEL 1:1-28; 2:11

VERSÍCULO PARA MEMORIZAR

Porque los ojos del Señor están sobre los justos, y sus oídos, atentos a sus oraciones; pero el rostro del Señor está contra los que hacen el mal.

1 Pedro 3:12

VERDADES SOBRE DIOS

*Esta lección enseñará las siguientes verdades sobre Dios. El asterisco * indica la verdad principal que debe enseñar a los niños.*

* * Dios se interesa por nosotros y escucha nuestras oraciones.
* Dios nos ama y quiere que lo adoremos.
* La oración es una forma de adorar a Dios.

ENFOQUE Y RESUMEN DE LA LECCIÓN

En este estudio, los niños aprenderán que Dios nos ama y quiere que lo adoremos. Él escucha nuestras oraciones.

1. Elcana y su familia adoraban fielmente al Señor.
2. Ana, no tenía hijos y oró por un hijo.
3. El Señor escuchó la oración de Ana y nació Samuel.
4. Ana cumplió su voto y entregó a Samuel al Señor.

 ## ANTECEDENTES BÍBLICOS

Samuel fue un profeta importante en un momento crucial de la historia de Israel. La vida de Samuel comenzó bajo circunstancias milagrosas.

La madre de Samuel, Ana, tenía dificultades para quedar embarazada. En la cultura de Ana, su incapacidad para quedar embarazada le acarreaba vergüenza. La segunda esposa de su marido, Penina, atormentaba a Ana, por lo que ella oró al Señor pidiendo un hijo.

La oración de Ana no era egoísta. Quería tener un hijo al menos por tres razones: para complacer a su marido, para aliviar su vergüenza y para terminar con el tormento que le causaba Penina. Ana prometió dedicar a su hijo al servicio del Señor.

Estudios Bíblicos para Niños
www.KidzFirstPublications.org

1 y 2 de Samuel

Dios le dio a Ana un hijo, y Ana lo dedicó al Señor como prometió. El sacrificio de Ana trajo bendiciones para ella y para la nación de Israel.

¿SABÍAS QUE...?

El tabernáculo era muy importante para Israel. Todo varón israelita debía adorar al Señor en el tabernáculo tres veces al año.

VOCABULARIO

Palabras de fe

La **oración** es una conversación con Dios que incluye hablar y escuchar. Podemos orar en cualquier momento, en cualquier lugar y sobre cualquier cosa. Podemos orar en silencio o en voz alta.

Personas

Elcana era el padre de Samuel.

Ana era la esposa de Elcana y la madre de Samuel.

Penina era la nueva esposa de Elcana.

Elí era sacerdote en Siló.

Samuel era el hijo de Elcana y Ana. Ana lo dedicó al Señor antes de su nacimiento.

Lugares

Ramatayim era el pueblo donde vivían Elcana y su familia.

Rama era el nombre corto de Ramatayim. Estaba a unos 30 kilómetros al norte de Jerusalén.

Siló era el pueblo donde se encontraba el Tabernáculo.

El **Tabernáculo** era un lugar o una casa de culto. Estaba diseñado para una gran congregación.

Cosas

El **efa** es una medida que corresponde aproximadamente a 22 kilos de materiales secos, como harina o grano.

NARRACIÓN DE LA HISTORIA

Cada semana requiere los siguientes objetos.

1. Algo para transportar cosas como una pequeña bolsa de viaje.
2. Un contenedor para almacenar los objetos de la historia de cada semana (puede ser una bolsa, un cesto o una caja).

Para la historia de hoy, también necesitará los siguientes artículos.

3. Un zapato
4. Un muñeco bebé
5. Una pequeña bolsa de harina, arena o tierra

Antes de la clase

1. Lea I Samuel 1:1-28; 2:11

Estudios Bíblicos para Niños
www.KidzFirstPublications.org

1 y 2 de Samuel

2. Reúna los artículos de la historia de hoy. Sustituya los elementos no disponibles por una imagen.
3. Coloque los objetos de la historia de hoy dentro de la bolsa de viaje. Ponga la bolsa de viaje en el área de narración de la historia.

Sigue al líder

Pida a los niños que se coloquen en línea recta, uno detrás de otro. Elija a un niño para que sea el líder. Dígales que deben observar al líder e imitar todo lo que haga. Después, el líder conducirá al grupo por el aula. Debe hacer diferentes gestos con las manos, sonidos o movimientos para que los niños lo imiten. Por ejemplo, el líder puede caminar con pasos de bebé, pasos grandes o saltos. Termine el juego en la zona de narración de la historia.

Hora de la narración

Lea estas instrucciones antes de empezar.

1. Concéntrese en los puntos principales mientras cuenta la historia con sus propias palabras. Saque un objeto de la bolsa cuando ilustre cada punto. Si se siente cómodo, incluya más detalles. Si es necesario, puede utilizar el guion sugerido.
2. Mientras cuenta la historia, muestre cada objeto en orden. Coloque el objeto donde los niños puedan verlo.
3. Después de contar la historia, vuelva a colocar todos los artículos dentro de la bolsa.
4. Para repasar la historia, pida a un voluntario que saque un objeto de la bolsa y diga lo que representa. Repita este proceso con todos los objetos hasta que los niños puedan volver a contar la historia por completo.
5. Repase el "movimiento de memorización" que se describe a continuación. Haga este movimiento cada vez que mencione lo que representa.

Puntos principales en orden

Digamos que estamos en una expedición épica. He preparado nuestra bolsa de viaje con herramientas que nos ayudarán a explorar los libros de 1 y 2 Samuel. Cada semana buscaremos dentro de la bolsa las herramientas que necesitamos para nuestro viaje. Hoy comenzamos con... Desempaque los artículos mientras cuenta la historia.

1. Un zapato. Diga: Había un hombre de Ramatayin llamado Elcana. Tenía dos esposas, Ana y Penina. Penina tenía hijos, pero Ana no tenía ninguno. Año tras año, Elcana subía desde su pueblo para adorar y sacrificar al Señor en Siló. Tenían que recorrer un largo camino.

2. Un muñeco - Diga: Una vez en Siló, Ana lloró y oró al Señor. Hizo un voto, diciendo: «Señor Todopoderoso, si te dignas mirar la desdicha de esta sierva tuya, y si en vez de olvidarme te acuerdas de mí y me concedes un hijo varón, yo te lo entregaré para toda su vida, y nunca se le cortará el cabello». Ana se fue a casa. Dios se fijó en Ana y escuchó su oración. Dios dijo que sí a su oración. Quedó embarazada y tuvo un hijo llamado Samuel.

3. La pequeña bolsa de harina, arena o tierra - Diga: Cuando Samuel era un niño pequeño, Ana lo llevó a Siló. Como había prometido, lo dedicó a Dios. También llevó consigo una ofrenda que incluía un becerro de tres años, una medida de harina y un odre de vino.

4. Movimiento de memorización: Haga que los niños extiendan sus brazos y manos, con las palmas hacia arriba, como si entregaran algo. Diga: Ana entregó a Samuel al Señor.

Diga: Ahora es su turno de contar la historia. Devuelva los objetos a la bolsa. Invite a los niños

Estudios Bíblicos para Niños
www.KidzFirstPublications.org

a turnarse. Un niño elegirá un objeto de la bolsa sin mirar y luego explicará lo que significa/representa. O puede elegir revisar uno de los movimientos de memorización y explicar lo que representa. Después de que los niños saquen todos los objetos y los expliquen, pida a un voluntario que los coloque en el orden correcto de la historia.

 LECCIÓN BÍBLICA

Consejos para el maestro

Cuando lea el estudio bíblico enfatice estas ideas

- Recuérdeles a los niños que Dios escucha y responde a todas las oraciones, aunque no siempre dice «sí».
- Cuénteles a los niños de alguna ocasión en la que Dios respondió «sí» a una oración importante que usted hizo.
- De ser posible, utilice un mapa bíblico para mostrar a los niños los lugares mencionados en estas historias.

Lea las Escrituras

Antes de contar la historia diga: Hoy comenzamos nuestro estudio de un libro de la Biblia llamado 1 Samuel. Conoceremos a Elcana y a su familia. Vivían a unos 30 kilómetros de Siló, en un pueblo llamado Ramatayin, o Ramá. Todos los años Elcana y su familia iban a Siló para ofrecer sacrificios a Dios.

Lea en voz alta 1 Samuel 1:1-28; 2:11. Puede utilizar los artículos de la bolsa y los movimientos para enfatizar los puntos principales.

Preguntas de discusión

Discuta la historia y haga las siguientes preguntas a los niños. Recuerde que puede no haber una respuesta correcta o incorrecta.

1. **Elcana viajó unos 30 kilómetros para adorar al Señor. ¿Puedes pensar en un lugar que esté a 30 kilómetros de donde te encuentras ahora? ¿Cómo sería caminar hasta allá? ¿Cuánto tiempo crees que te llevaría?**
2. **Ana le pidió al Señor un hijo. ¿Por qué creía ella que Dios respondería a sus oraciones?**
3. **¿Qué le dijo Elí a Ana sobre su oración?**
4. **¿Por qué Ana renunció a su único hijo? ¿Cómo crees que se sintió?**
5. **¿Cómo se relaciona el versículo para memorizar, 1 Pedro 3:12, con esta historia?**

Reflexión final

Esta es la reflexión que quiere que los niños recuerden.

Dígales: Dios se preocupa por ustedes y escucha sus oraciones. Podemos hablar con Él de cualquier cosa. Él quiere escuchar cuando están preocupados. Quiere saber cuándo se sienten tristes y cuándo son felices. Él los ama y los escucha. Tómense un tiempo para agradecer a Dios su amor y su cuidado. Denle las gracias por haber escuchado su oración.

Estudios Bíblicos para Niños
www.KidzFirstPublications.org

PRÁCTICA DEL VERSÍCULO PARA MEMORIZAR

Porque los ojos del Señor están sobre los justos, y sus oídos, atentos a sus oraciones; pero el rostro del Señor está contra los que hacen el mal. 1 Pedro 3:12

Vea las «Actividades del versículo para memorizar» para sugerencias que ayuden a los niños a aprender el versículo para memorizar.

ACTIVIDADES ADICIONALES

Las siguientes son actividades opcionales que pueden utilizar para ayudar a los niños a comprender mejor la lección de hoy.

1. Compare la experiencia de Ana de orar por un hijo y entregárselo a Dios con las experiencias de estas otras mujeres de la Biblia: Sara (Génesis 17:15 — 18:5; 21:1-7), Elisabet (Lucas 1:5-25, 57-66), María (Lucas 1:26-38, 2:1-7). Lea estos pasajes a los niños. Pregunte: ¿Cómo reaccionó cada una de estas mujeres cuando supo que iba a tener un hijo? ¿Qué tipo de fe mostraron estas mujeres?

2. Para repasar la historia, compare las experiencias buenas y las dificultades en la vida de Ana. Comparta algunas experiencias buenas y difíciles de la vida de usted. Luego, cuente qué experiencias de la historia de Ana podrían ayudarlo o animarlo.

3. Antes de que lleguen los niños, elija un lugar a pocos minutos de su aula. Este lugar puede ser adentro o afuera. El área debe ser lo suficientemente grande para que quepan todos los niños. Haga un altar sencillo de piedras. Este altar representará el Tabernáculo en Siló. En el Tabernáculo, Elcana y su familia adoraban al Señor y ofrecían sacrificios al Señor.

Diga: Hoy daremos un paseo. Esto les ayudará a entender lo que las personas del estudio de hoy experimentaron.

Lleve a los niños al lugar que eligió para el altar. En el lugar, cante con los niños uno o dos cantos de adoración. Pida a un niño que ore, y luego regrese al aula.

Diga: En el Antiguo Testamento, las personas viajaban una larga distancia hasta el Tabernáculo para adorar a Dios. Tal vez algunos de ustedes viajaron una larga distancia hoy. Aprenderemos acerca de Elcana, quien llevó a su familia al Tabernáculo para adorar a Dios y ofrecerle sacrificios. Viajaron unos 30 kilómetros hasta el Tabernáculo. Elcana y su familia hacían el viaje sólo una vez al año porque era un viaje largo para ellos. Nosotros nos dirigimos a este lugar para adorar a Dios y orar. Sin embargo, no tenemos que viajar para adorar a Dios o para orar. ¡Podemos adorar a Dios y orar en cualquier momento y lugar!

ACTIVIDAD PARA NIÑOS MAYORES

Cuaderno de oración

Si es posible, compre un pequeño cuaderno para cada alumno. O haga un pequeño diario doblando papel por la mitad. En la clase diga: Dios respondió a la oración de Ana para tener un hijo, y Dios responde a las oraciones hoy. Comparta las oraciones que Dios ha respondido

Estudios Bíblicos para Niños
www.KidzFirstPublications.org

en su vida. Pida voluntarios que hagan lo mismo. Diga: A veces olvidamos que Dios respondió una oración y no le damos las gracias. Por eso es bueno registrar nuestras peticiones de oración. Así podemos volver atrás y recordar cuándo y cómo Dios respondió a esas oraciones. Esto nos ayuda a ser fieles a la hora de orar y confiar en Dios.

Entregue a los alumnos los cuadernos o papeles doblados para que los usen como diarios de oración. Ayúdeles a decorar las tapas. Luego, tome las peticiones de oración de la clase. Pida a los alumnos que escriban estas peticiones en sus diarios y que les pongan fecha. Anime a los alumnos a orar por las peticiones y a anotar cuándo y cómo Dios responde.

ESGRIMA BÍBLICO

Consulte la sección «Preguntas de repaso» para ver las preguntas de práctica rojas y azules de esta lección.

LECCIÓN 2

LA VOZ EN LA NOCHE
1 SAMUEL 2:12-29, 34-35; 3:1 — 4:1

VERSÍCULO PARA MEMORIZAR

Yo honro a los que me honran, y humillo a los que me desprecian.

1 Samuel 2:30

VERDADES SOBRE DIOS

Esta lección enseñará las siguientes verdades sobre Dios. El asterisco * indica la verdad principal que debe enseñar a los niños.

* Dios honra a los que le escuchan y le obedecen.
* Dios nos habla y quiere que le escuchemos.
* Dios a veces nos pide que hagamos cosas difíciles.

ENFOQUE Y RESUMEN DE LA LECCIÓN

En este estudio, los niños aprendan que Dios puede pedirnos que hagamos cosas difíciles. Él quiere que obedezcamos lo que nos dice.

1. Los hijos de Elí eran malvados, y él no los refrenó.
2. Samuel creció y se hizo fuerte. Samuel encontró el favor del Señor y de los hombres.
3. El Señor le habló a Samuel y éste le escuchó. Dios reveló su juicio sobre Elí y su familia.
4. Dios estuvo con Samuel y éste se dio a conocer como profeta.

ANTECEDENTES BÍBLICOS

De niño, Samuel vivió en el Tabernáculo, y sirvió bajo las órdenes de Elí. Durante este tiempo, la «palabra del Señor» era poco frecuente. Esto significa que Dios no les hablaba a las personas a través de profetas. Los líderes religiosos eran corruptos, y no realizaban sus deberes religiosos correctamente. Los mayores infractores fueron Ofni y Finés, los malvados hijos de Elí. Elí los reprendió por lo que hacían, pero no hizo nada para detenerlos.

Una noche, el Señor le habló a Samuel. Dios le dijo a Samuel lo que le iba a pasar a Elí y a sus hijos. Elí le pidió a Samuel que le contara lo que Dios le había dicho. La primera profecía de Samuel fue difícil. Dios iba a castigar y reemplazar a la antigua familia de sacerdotes debido a sus pecados.

Samuel fue un siervo fiel que entregó la palabra de Dios con precisión. Cuando los eventos ocurrieron tal como dijo Samuel, el pueblo aceptó a Samuel como profeta de Dios.

¿SABÍAS QUE...?

El nombre de Samuel significa «escuchado por Dios».

VOCABULARIO

Personas

Ofni y **Finés** fueron hijos de Elí. Eran sacerdotes en Siló, pero eran malvados.

Un **profeta** es una persona que Dios elige para recibir y entregar sus mensajes al pueblo. Un profeta habla en nombre de Dios.

Lugares

La **Tienda de Reunión** es otro nombre para el Tabernáculo. Esta era un lugar de adoración para los israelitas. Samuel vivía allí con Elí.

Todo Israel, desde Dan hasta Beerseba, se refiere a la tierra de Israel desde el norte hasta el sur.

Cosas

Un **efod** es una túnica sin mangas que usa un sacerdote.

El **incienso** es una sustancia que se quema en un altar como ofrenda a Dios. Tiene un olor dulce.

El **arca de Dios** era una caja especial y sagrada que contenía las dos tablas de piedra de los Diez Mandamientos y algunos otros objetos. También se llamaba el arca de la Alianza.

NARRACIÓN DE LA HISTORIA

Cada semana requiere los siguientes objetos.

1. Algo para transportar cosas como una pequeña bolsa de viaje.
2. Un contenedor para almacenar los artículos de la historia de cada semana (puede ser una bolsa, una cesta o una caja).

Para la historia de hoy, también necesitará los siguientes objetos.

3. Un tenedor
4. Una túnica o un trozo de tela

Antes de la clase

1. Lea 1 Samuel 2:12-19, 34-35; 3:1 – 4:1
2. Reúna los objetos de la historia de hoy. Sustituya los elementos no disponibles por una imagen.

3. Pase todos los artículos de la lección anterior de la bolsa de viaje al contenedor de almacenamiento. Coloque este contenedor al lado del área de narración de la historia.
4. Coloque los objetos de la historia de hoy dentro de la bolsa de viaje. Ponga la bolsa de viaje en el área de narración de la historia.

Sigue al líder

Pida a los niños que se coloquen en línea recta, uno detrás de otro. Elija a un niño para que sea el líder. Dígales que deben observar al líder e imitar todo lo que haga. A continuación, el líder conducirá al grupo por el aula. Debe utilizar diferentes gestos con las manos, sonidos o movimientos para que los niños los imiten. Por ejemplo, el líder puede caminar con pasos de bebé, pasos grandes o saltos. Termine el juego en el área de narración de la historia.

Repaso opcional de la lección

Pida a un voluntario que seleccione un objeto del contenedor y que explique lo que representaba en la lección anterior.

Narración de la historia

Lea estas instrucciones antes de comenzar.

1. Concéntrese en los puntos principales mientras cuenta la historia con sus propias palabras. Saque un objeto de la bolsa para ilustrar cada punto. Si se siente cómodo, incluya más detalles. Si es necesario, puede utilizar el guion sugerido.
2. Mientras cuenta la historia, muestre cada objeto en orden. Coloque el objeto donde los niños puedan verlo.
3. Después de contar la historia, vuelva a colocar todos los objetos dentro de la bolsa.
4. Para repasar la historia, pida a un voluntario que saque un objeto de la bolsa y diga lo que representa. Repita este proceso con todos los objetos hasta que los niños puedan volver a contar la historia por completo.
5. Repase el "movimiento de memorización" que se describe a continuación. Haga este movimiento cada vez que mencione lo que representa.

Puntos principales en orden

Diga: Hoy continuamos explorando el libro de 1 Samuel. Cada semana preparo la bolsa de viaje con las herramientas que necesitaremos para nuestro viaje. Hoy comenzamos con... Desempaque los artículos mientras cuenta la historia.

1. Diga que los hijos de Elí eran unos sinvergüenzas. No tenían ningún respeto por el Señor. Exigían su parte de los sacrificios de carne antes de lo previsto y amenazaban con tomar la carne por la fuerza. La carne se ponía en una olla hirviendo y los sacerdotes recibían una porción de esta carne como pago por sus servicios. Levanten el tenedor. Un sacerdote clavaba un tenedor en la olla y tomaba el trozo que se sacaba. Los hijos de Elí no usaban este sistema, ellos tomaban las carnes más selectas. Su pecado era grande a los ojos del Señor.
2. Levante la túnica o el trozo de tela - Diga: Cada año, la madre de Samuel lo visitaba y le llevaba una pequeña túnica.
3. Haga un movimiento poniéndose una mano en la oreja - Diga: Elí se enteró de todo lo que sus hijos estaban haciendo a Israel. Les dijo: «¿Por qué hacen tales cosas?». Pero ellos no escucharon la reprimenda de su padre.
4. Actúe como si estuviera acostado - Diga: Samuel estaba acostado una noche, y el Señor lo llamó. Samuel corrió hacia Elí y le dijo: «Aquí estoy, ¿para qué me llamó usted?» Elí le dijo que no lo había llamado. Esto sucedió tres veces. Entonces Elí se dio cuenta de que era el Señor quien llamaba a Samuel. Le dijo que si lo llamaba de nuevo le dijera: «Habla, Señor, que tu siervo escucha».
5. Movimiento de memorización - Escuchar – Ponga una mano cubriendo la oreja haciendo la señal de «escuchar». Diga: Samuel escuchó al Señor.

Diga: Ahora te toca a ti contar la historia. Devuelva los objetos a la bolsa. Invite a los niños a turnarse. Elija a un voluntario para que escoja un objeto de la bolsa sin mirarlo y luego explique lo que significa/representa. O puede elegir revisar uno de los movimientos de memorización y explicar lo que representa. Después de que los niños saquen todos los objetos y los expliquen, pida a un voluntario que los coloque en el orden correcto de la historia.

Estudios Bíblicos para Niños
www.KidzFirstPublications.org

1 y 2 de Samuel

 LECCIÓN BÍBLICA

Consejos para el maestro

Cuando lea el estudio bíblico enfatice estas ideas.

- Ayude a los niños a saber que probablemente Dios no les hablará con una voz audible. A veces, Dios nos habla y lo escuchamos durante la oración. Nos habla a través de la Biblia, a través de personas, a través de la música y de otras formas.
- Ayude a los niños a centrarse en las partes importantes de la historia, especialmente en el hecho de que Dios honra a los que le escuchan y obedecen.

Lea las Escrituras

Diga, ¿Tienen amigos que no escuchan a Dios o no lo obedecen? A veces es fácil ceder a la presión de seguir a tus amigos y no obedecer a Dios. Pero Dios honra a aquellos que lo escuchan y obedecen. Samuel escuchó a Dios y lo obedeció y Dios lo honró. Dios también te honrará por obedecerlo.

Lea 1 Samuel 2:12-29, 34-35; 3:1 — 4:1 en voz alta. Puede optar por utilizar los objetos y los movimientos para enfatizar los puntos principales.

Preguntas de discusión

Discuta la historia y haga las siguientes preguntas a los niños. Recuerde que puede no haber una respuesta correcta o incorrecta.

1. ¿Cuáles fueron los pecados de Ofni y Fineas?
2. ¿Por qué castigó el Señor a toda la casa de Elí si sus hijos fueron los que pecaron? ¿Eso era justo?
3. Dios habló a través de un profeta a Elí en 1 Samuel 2:27-36. La Biblia no nos dice cómo respondió Elí. ¿Cómo crees que Elí respondió a este profeta?
4. Nadie en Israel escuchaba la voz del Señor por mucho tiempo. Entonces Dios le habló a Samuel en lugar de Elí, el sacerdote principal. ¿Por qué Dios hizo esto?
5. Imagínate que fueras Samuel y escucharas la palabra del Señor. ¿Le dirías a Elí todo lo que el Señor dijo? ¿Cómo crees que se sintió Samuel cuando le dio el mensaje de Dios a Elí?

Reflexión final

Esta es la reflexión que quiere que los niños recuerden.

Diga: el Señor habló a Samuel y él escuchó y obedeció. Aquí hay algunas maneras en que puedes escuchar a Dios. 1. Lee tu Biblia. ¡Es la Palabra de Dios! 2. Durante tu tiempo de oración, dedica 1 minuto o más en silencio a escuchar si Dios te está hablando. 3. Escucha y obedece a tus maestros y padres. Dios los puso ahí para ayudarte.

 PRÁCTICA DEL VERSÍCULO PARA MEMORIZAR

Yo honro a los que me honran, y humillo a los que me desprecian. 1 Samuel 2:30

Estudios Bíblicos para Niños
www.KidzFirstPublications.org

Vea las «actividades del versículo para memorizar» con sugerencias que ayuden a los niños a aprender el versículo para memorizar.

ACTIVIDADES ADICIONALES

Las siguientes son actividades opcionales que puede utilizar para ayudar a los niños a comprender mejor la lección de hoy.

1. Lea Éxodo 3:1-9 y Hechos 9:10-16. Diga: **Leímos acerca de cómo Dios habló directamente a Moisés y Ananías. Dios habló directamente a Samuel, y él escuchó la voz de Dios. ¿En qué se diferenciaba la experiencia de Samuel de la de los demás? ¿Fueron iguales las experiencias?**

2. Lea 1 Samuel 2:26. Diga: **Hay un versículo similar en Lucas 2:52. Lea este versículo y luego pregunte: ¿A quién describe Lucas 2:52? ¿Por qué son importantes estos versículos para los niños?** Pida a los niños que hagan movimientos con las manos para demostrar cómo crecieron Samuel y Jesús.

Juego: Escuchar y Decir

Usted necesitará:

- Objetos que hagan sonidos reconocibles, como latas vacías, un silbato, una lata de refresco con una lengüeta para abrir, un peine, zapatos o algo con velcro.
- Papel, lápiz y tijeras.

Entregue a cada estudiante una hoja de papel. Pídales que numeren sus papeles para que coincidan con el número de objetos que ha traído. Luego haga que los estudiantes se sienten para que no puedan verle.

1. Diga: **Ustedes van a escuchar algunos sonidos. Después de cada sonido, escriban lo que crean que hizo ese sonido.**

2. Haga cada sonido y dé tiempo a los niños para que escriban sus respuestas. Después, dé las respuestas correctas. Diga: **Hoy ustedes tuvieron que escuchar muy cuidadosamente para identificar lo que sus oídos oyeron. Samuel también tuvo que escuchar cuidadosamente algo que era difícil de reconocer.**

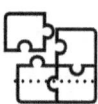

ACTIVIDAD PARA NIÑOS MAYORES

Únete al plan de Dios

Prepare una carrera de obstáculos para su clase. Use sillas, mesas y cajas, o lo que sea que tenga. Tenga a la mano un paño para vendar los ojos. Pregunte, **¿Cuál fue la diferencia entre cómo respondieron los hijos de Elí y cómo respondió Samuel a Dios? Veamos lo importante que es escuchar la voz correcta.** Elija a un niño para que le venden los ojos y luego guíelo a través del camino. Guíelo alrededor de los obstáculos con sus instrucciones habladas. Repita esto con otros niños.

Pregunte: **¿Por qué es importante que escuchemos a Dios? ¿Cuáles son algunas consecuencias cuando no le escuchamos? Me escuchaste, y Samuel escuchó a Dios. Es importante que ustedes escuchen a Dios y le obedezcan.**

Estudios Bíblicos para Niños
www.KidzFirstPublications.org

1 y 2 de Samuel

Cuénteles de una vez en la que escuchó a Dios y le obedeció.

 ## ESGRIMA BÍBLICO

Consulte la sección «Preguntas de repaso» para las preguntas de práctica rojas y azules para esta lección.

LECCIÓN 3

¿PODRÍA EL VERDADERO DIOS POR FAVOR PONERSE DE PIE?

1 SAMUEL 4:1 – 5:12

VERSÍCULO PARA MEMORIZAR

Nadie es santo como el Señor; no hay roca como nuestro Dios. ¡No hay nadie como él!

1 Samuel 2:2

VERDADES SOBRE DIOS

Esta lección enseñará las siguientes verdades sobre Dios. El asterisco * indica la verdad principal que debe enseñar a los niños.

* El Señor nuestro Dios es el único Dios verdadero
• Dios tiene poder sobre el mal.

ENFOQUE Y RESUMEN DE LA LECCIÓN

En este estudio, los niños aprenderán que el Señor nuestro Dios es el único Dios verdadero. Aprenderán que Dios tiene poder sobre el mal.

1. Los filisteos atacaron a los israelitas, los derrotaron y capturaron el arca.
2. Elí y sus dos hijos murieron como Dios había dicho.
3. Los Filisteos pusieron el arca en el templo de su dios Dagón.
4. Dios mostró su poder contra Dagón y trajo enfermedad a los filisteos.

ANTECEDENTES BÍBLICOS

La nación de Israel no tenía una buena relación con Dios. Algunas de las personas eran fieles, pero el liderazgo era corrupto. En esta lección, los niños aprenderán lo que les sucedió a los líderes y a los israelitas debido a su pobre relación con Dios.

Los israelitas perdieron una batalla contra los filisteos. Los israelitas trataron de manipular al Señor en la siguiente batalla. Llevaron el Arca del Pacto a su campamento. Los israelitas perdieron la segunda batalla, y los filisteos capturaron el arca.

Finés y Ofni y murieron en la batalla. Israel ignoró el pacto con Dios, y su derrota en la batalla fue el juicio de Dios sobre la nación.

Los filisteos creían que su dios, Dagón, era más poderoso que el Señor. Dios mostró que esto no era cierto cuando rompió el ídolo de Dagón y afligió a los filisteos con tumores.

¿SABÍAS QUE...?

Los filisteos colocaron el Arca del Pacto junto a Dagón para mostrar que Dagón era más poderoso que Dios. ¡Dios demostró que estaban equivocados haciendo que Dagón cayera sobre su rostro frente al arca dos veces!

VOCABULARIO

Personas

Un **benjamita** era un miembro de la tribu de Benjamín. Era descendiente del hijo de Jacob, que se llamaba Benjamín.

Los **filisteos** eran una nación de personas que vivían cerca del mar Mediterráneo. Eran enemigos de los israelitas.

Lugares

Asdod, **Gat** y **Ecrón** eran tres de las ciudades más grandes de los filisteos.

Cosas

El **Arca del Pacto** era una caja santa y especial que tenía una cubierta de oro. En el arca estaban las tablas de piedra de los Diez Mandamientos, la vara de Aarón y algo de maná. A veces se le llama el Arca del Señor o el Arca de Dios. Representaba la presencia de Dios.

Dagón era uno de los dioses que adoraban los filisteos. Era el dios de las cosechas.

NARRACIÓN DE LA HISTORIA

Cada semana necesitará los siguientes objetos.

1. Algo para transportar cosas como una pequeña bolsa de viaje.
2. Un contenedor para almacenar los objetos de la historia de cada semana (puede ser una bolsa, un cesto o una caja).

Para la historia de hoy, también necesitará los siguientes objetos.

3. Una sábana, paño o toalla que se podría extender sobre una silla para hacer una tienda de campaña.
4. Palitos de helado o algo para representar el arca del pacto.
5. Cinta para pegar sobre la piel, bolas de algodón o pequeños trozos de papel.

Antes de la clase

1. Lea 1 Samuel 4:1 — 5:12.
2. Reúna los objetos de la historia de hoy. Sustituya los objetos no disponibles por una imagen.
3. Pase todos los objetos de la lección anterior de la bolsa de viaje al contenedor de almacenamiento. Coloque este contenedor al lado del área de narración de la historia.
4. Coloque los objetos de la historia de hoy dentro de la bolsa de viaje. Ponga la bolsa de viaje en el área de narración de la historia.

Sigue al líder

Dígales a los niños que se pongan en línea recta, uno detrás del otro. Elija a un niño para que sea el líder. Dígales a los niños que deben observar al líder e imitar todo lo que haga. El líder conducirá el grupo alrededor del aula. Debe utilizar diferentes gestos con las manos, sonidos o movimientos para que los niños los imiten. Por ejemplo, el líder puede caminar con pasos de bebé, pasos grandes o saltos. Termine el juego en el área de narración de la historia.

Repaso opcional de la lección

Pida a un voluntario que seleccione un objeto del contenedor y que explique lo que representaba en la lección anterior.

Narración de la historia

Lea estas instrucciones antes de comenzar.

1. Concéntrese en los puntos principales mientras cuenta la historia con sus propias palabras. Saque un objeto de la bolsa para ilustrar cada punto. Si se siente cómodo, incluya más detalles. Si es necesario, puede utilizar el guion sugerido.
2. Mientras cuenta la historia, muestre cada objeto en orden. Coloque el objeto donde los niños puedan verlo.
3. Después de contar la historia, vuelva a colocar todos los objetos dentro de la bolsa.
4. Para repasar la historia, pida a un voluntario que saque un objeto de la bolsa y diga lo que representa. Repita este proceso con todos los objetos hasta que los niños puedan volver a contar la historia por completo.
5. Repase el "movimiento de memorización" que se describe a continuación. Haga este movimiento cada vez que mencione lo que representa.

Puntos principales en orden

Diga: **Hoy continuamos explorando el libro de 1 Samuel. Cada semana empaco nuestra bolsa de viaje con las herramientas que necesitamos para nuestro viaje. Hoy comenzamos con...** Desempaque los objetos mientras cuenta la historia.

1. Coloque la sábana o toalla sobre una silla y haga una tienda de campaña. Diga: **Los hijos de Israel salieron a pelear contra los filisteos. Acamparon en Ebenezer.**
2. Sostenga los palitos de helado. Diga: **Los ancianos de Israel decidieron traer el arca del pacto de Siló a la batalla. Gritaron cuando el arca entró en el campamento. Los filisteos lucharon y derrotaron a los israelitas y capturaron el arca.**
3. Diga: **Los dos hijos de Elí murieron en esta batalla contra los filisteos. Elí murió cuando se enteró que el arca había sido capturada. La esposa de Finés también murió después de escuchar la noticia.**
4. Tome la cinta para pegar sobre la piel, bolas de algodón o pedazos de papel y colóquelas en sus brazos. Diga: **En cada lugar que los filisteos enviaron el arca – Asdod, Gat y Ecrón – el Señor afligió a las personas con tumores.**
5. Movimiento de memorización: haga que los estudiantes pongan cara de miedo como si estuvieran asustados. Diga: **Los filisteos temían el poder de Dios. El Señor es el único Dios verdadero.**

Diga: **Ahora es su turno de contar la historia.** Devuelva los objetos a la bolsa. Invite a los niños a turnarse. Elija un voluntario para tomar un objeto de la bolsa sin mirar y que luego explique lo que significa/representa. O puede elegir repasar uno de los movimientos de memorización y explicar lo que representa. Después de que los niños retiren

todos los objetos y los expliquen, pídale a un voluntario que los coloque en el orden correcto de la historia.

 LECCIÓN BÍBLICA

Consejos para el maestro

Cuando lea el estudio bíblico enfatice estas ideas.

- Recuerde a los niños que sólo hay un Dios, el Dios a quien servimos, el Dios de la Biblia.

Lea las Escrituras

Diga: ¿alguna vez han escuchado a alguien decir: «Yo sólo lo adoro? O, ¿ella es mi ídolo?» Aprendemos de estos pasajes que Dios es el único Dios verdadero – el único Dios en el universo. Debemos adorarlo sólo a Él. A veces casi adoramos a las personas famosas o atletas. Podemos admirar las cosas que hacen, pero nunca debemos adorar a las personas. Dios debe ser el primero en nuestro amor y adoración.

Lea 1 Samuel 4:1 — 5:12 en voz alta. Puede optar por utilizar los objetos y los movimientos para enfatizar los puntos principales.

Preguntas de discusión

Discuta la historia y haga las siguientes preguntas a los niños. Recuerde que puede no haber una respuesta correcta o incorrecta.

1. ¿Por qué los israelitas llevaron el arca del pacto a la batalla?
2. Los israelitas trataron el arca del pacto como si fuera algo mágico. ¿Era esto correcto o incorrecto? ¿Por qué?
3. ¿Por qué los israelitas estaban tristes y preocupados cuando el arca del pacto fue robada?
4. Imagina que eres filisteo. ¿Qué pensarías si la estatua de Dagón se cayera dos veces?
5. ¿Cuándo tuvieron miedo los filisteos de los israelitas por primera vez? ¿Por qué?

Reflexión final

Esta es la reflexión que quiere que los niños recuerden.

Diga: **En este estudio, aprendimos que el Señor nuestro Dios es el único Dios verdadero. También aprendimos que Dios tiene gran poder. Dagón se postró sobre su rostro delante del arca del pacto. Esto demostró a los filisteos que Dios era más poderoso que su dios. Siempre podemos confiar en Dios porque Él es el único Dios verdadero.**

 PRÁCTICA DEL VERSÍCULO PARA MEMORIZAR

Nadie es santo como el Señor; no hay roca como nuestro Dios. ¡No hay nadie como él! 1 Samuel 2:2

Vea las «actividades del versículo para memorizar» con sugerencias que ayuden a los niños a aprender el versículo para memorizar.

Estudios Bíblicos para Niños
www.KidzFirstPublications.org

ACTIVIDADES ADICIONALES

Las siguientes son actividades opcionales que puede utilizar para ayudar a los niños a comprender mejor la lección de hoy.

Explique el significado de la palabra «manipular» (influir hábilmente en alguien para que haga lo que uno quiere). Pregunte, **¿Alguna vez han tratado de manipular a Dios? Por ejemplo, ¿le han prometido alguna vez a Dios que harán algo bueno, o no harán algo malo, si Él les da algo?** Deje que los niños respondan y luego diga: **Los israelitas trataron de manipular a Dios cuando llevaron el arca a su campamento. Trataron el arca como si tuviera un poder mágico. Tratar de manipular a Dios es una mala idea. Entonces, ¿qué deberíamos hacer?** (Algunas respuestas posibles: orar, tratar de aprender lo que Él quiere que hagamos, confiar en Él y obedecerle).

Juego: Capturar el Arca

Prepare lo siguiente antes de la lección. Usted necesitará:

- Un globo
- Un objeto pequeño

Divida a sus alumnos en dos equipos, los israelitas y los filisteos. Ponga menos jugadores en el equipo filisteo. Que los filisteos se alineen en un extremo del aula. Haga un «arca» colocando un objeto pequeño dentro de un globo inflado. Coloque el «arca» en el lado opuesto del aula. Diga: **El «arca» está en un globo porque es santa y no se puede tocar.** Coloque a los israelitas en el espacio entre los filisteos y el arca. Cada jugador israelita debe estar en un lugar diferente. Deben proteger el arca, pero sólo moviendo sus brazos. Estando quietos, los israelitas deben tratar de tocar a los filisteos que se mueven entre ellos tratando de «capturar» el arca. Si un israelita toca a un filisteo, él o ella tiene que sentarse. Si tocan a todos los filisteos, los israelitas ganan. Si los filisteos capturan el arca, ellos ganan.

ACTIVIDAD PARA NIÑOS MAYORES

¿Eres cartógrafo? (hacedor de mapas)

Haga un mapa del viaje del arca del Señor en 1 Samuel 4:1b-5:12. Etiquete las ciudades y las regiones. Dibuje símbolos para representar los eventos que tuvieron lugar en estas ciudades y regiones. Use su mapa como repaso de la historia de los filisteos que capturaron el arca. Un atlas bíblico o el Internet serán recursos útiles para esta actividad.

ESGRIMA BÍBLICO

Consulte la sección «Preguntas de repaso» para las preguntas de práctica rojas y azules para esta lección.

LECCIÓN 4

REGRESAR Y REGOCIJARSE
1 SAMUEL 6:1 — 7:1

VERSÍCULO PARA MEMORIZAR

Santos, oh Dios, son tus caminos; ¿qué dios hay tan excelso como nuestro Dios?

Salmo 77:13

VERDADES SOBRE DIOS

*Esta lección enseñará las siguientes verdades sobre Dios. El asterisco * indica la verdad principal que debe enseñar a los niños.*

* Dios es santo y requiere que las Personas lo respeten.
* Dios merece nuestra alabanza.

ENFOQUE Y RESUMEN DE LA LECCIÓN

En este estudio, los niños aprenderán que Dios es santo y quiere que todos lo respeten en todo momento.

1. Los Filisteos devolvieron el arca a Israel con una ofrenda a Jehová.
2. Los israelitas se regocijaron y adoraron al Señor cuando el arca regresó.
3. Dios castigó severamente a aquellos que trataron el arca irrespetuosamente.
4. El arca fue trasladada a la casa de Abinadab en Quiriat Yearín.

ANTECEDENTES BÍBLICOS

Cuando los filisteos capturaron el arca del pacto, creyeron que su dios, Dagón, había derrotado al Señor. Después de siete meses de plagas, los filisteos admitieron que estaban equivocados. Los filisteos preguntaron a sus sacerdotes cómo devolver el arca al Dios de los israelitas.

Los sacerdotes filisteos decidieron colocar figuras de oro en forma de tumor y de ratas en un carro con el arca. Forzaron a dos vacas que recientemente habían dado a luz a tirar del arca en un carro. Las vacas con terneros recién nacidos generalmente no abandonan a sus crías. Cuando las vacas dejaron a sus becerros y devolvieron el arca a Israel, eso comprobó que el Señor planeó las plagas.

Los israelitas se alegraron de que los filisteos devolvieran el arca. Algunos de los israelitas deshonraron a Dios cuando miraron en el arca. Dios causó la muerte de 70 hombres. Los israelitas aprendieron que Dios es santo y que deben honrarlo.

Estudios Bíblicos para Niños
www.KidzFirstPublications.org

1 y 2 de Samuel

No fue porque Dios fuera débil que los filisteos capturaran el arca. Les permitió capturarla porque los israelitas no honraban la presencia de Dios. La presencia y el poder de Dios llegan a aquellos que lo honran a Él y a su pacto. Aquellos que rechazan o deshonran a Dios no recibirán sus bendiciones.

¿SABÍAS QUE...?

Algunas personas pensaron que las ratas causaban los tumores. Es por eso que los filisteos enviaron ratas de oro, así como tumores de oro como ofrenda.

VOCABULARIO

Palabras de fe

Ser **santo** es ser perfecto, completo y puro. También significa ser apartado para el uso de Dios únicamente. Dios es santo. Él es diferente de otros seres, y todo a su alrededor es bueno y perfecto.

Personas

Los adivinos son personas que tratan de obtener dirección de un dios pagano.

Abinadab era un hombre de la tribu de Judá. Mantuvo el arca en su casa después de que los filisteos la devolvieran.

Lugares

Bet Semes era una ciudad israelita cerca de la frontera filistea.

Quiriat Yearín era una ciudad que estaba aproximadamente a trece kilómetros de Jerusalén.

Cosas

Una **ofrenda por la culpa** es una ofrenda que las personas daban después de haber cometido un pecado. Una persona admite sus pecados al dar una ofrenda por la culpa.

Un **yugo** es un arnés que conecta a dos animales para que trabajen juntos para tirar de un carro o arado.

NARRACIÓN DE LA HISTORIA

Cada semana necesitará los siguientes objetos.

1. Algo para transportar cosas como una pequeña bolsa de viaje.
2. Un contenedor para almacenar los objetos de la historia de cada semana (puede ser una bolsa, un cesto o una caja).

Para la historia de hoy, también necesitará los siguientes objetos.

3. Cintas para pegar sobre la piel, bolas de algodón o trozos de papel
4. Otros cinco objetos que representen las ratas
5. Un pequeño cofre de juguetes o una caja especial de recuerdos que represente el Arca

Antes de la clase

1. Lea 1 Samuel 6:1 — 7:1
2. Reúna los objetos de la historia de hoy. Sustituya los objetos no disponibles por una imagen.
3. Pase todos los objetos de la lección anterior de la bolsa de viaje al contenedor de almacenamiento. Coloque este contenedor al lado del área de narración de la historia.
4. Coloque los objetos de la historia de hoy dentro de la bolsa de viaje. Ponga la bolsa de viaje en el área de narración de la historia.

Sigue al líder

Dígales a los niños que se pongan en línea recta, uno detrás del otro. Elija a un niño para que sea el líder. Dígales a los niños que deben observar al líder e imitar todo lo que haga. El líder conducirá el grupo alrededor del aula. Debe utilizar diferentes gestos con las manos, sonidos o movimientos para que los niños los imiten. Por ejemplo, el líder puede caminar con pasos de bebé, pasos grandes o saltos. Termine el juego en el área de narración de la historia.

Repaso opcional de la lección

Pida a un voluntario que seleccione un objeto del contenedor y que explique lo que representaba en la lección anterior.

Narración de la historia

Lea estas instrucciones antes de comenzar.

1. Concéntrese en los puntos principales mientras cuenta la historia con sus propias palabras. Saque un objeto de la bolsa para ilustrar cada punto. Si se siente cómodo, incluya más detalles. Si es necesario, puede utilizar el guion sugerido.
2. Mientras cuenta la historia, muestre cada objeto en orden. Coloque el objeto donde los niños puedan verlo.
3. Después de contar la historia, vuelva a colocar todos los objetos dentro de la bolsa.
4. Para repasar la historia, pida a un voluntario que saque un objeto de la bolsa y diga lo que representa. Repita este proceso con todos los objetos hasta que los niños puedan volver a contar la historia por completo.
5. Repase el "movimiento de memorización" que se describe a continuación. Haga este movimiento cada vez que mencione lo que representa.

Puntos principales en orden

Diga: **Hoy continuamos explorando el libro de 1 Samuel. Cada semana empaco nuestra bolsa de viaje con las herramientas que necesitamos para nuestro viaje. Hoy comenzamos con...** Desempaque los objetos mientras cuenta la historia.

1. Sostenga las cinco bolas de algodón con cinta y papel que representan tumores y los cinco objetos que representan las ratas. Diga: **Los filisteos querían devolver el arca. Preguntaron a los sacerdotes y adivinos cómo debían devolver el arca. Dijeron: «Den cinco ratas de oro y cinco tumores de oro como ofrenda por la culpa».**
2. El pequeño cofre de juguetes o caja de recuerdos – Diga: **Los sacerdotes les dijeron a los filisteos que prepararan una carreta nueva, con dos vacas que hubieran parido y nunca hubieran sido atadas. Que engancharan las vacas a la carreta y pusieran el arca en el carro.**
3. Haga un movimiento con su mano derecha sobre su ojo derecho como si estuviera buscando algo — Diga: **Los filisteos debían poner el arca en la carreta. Iban a seguir vigilando la carreta para ver hacia dónde iba.**

Estudios Bíblicos para Niños
www.KidzFirstPublications.org

4. Actúe como si estuviera muy emocionado. Diga: **Cuando las personas de Bet Semes vieron el arca, se regocijaron.**

5. Abra y cierre ambas manos, los diez dedos, siete veces. Diga: **Dios mató a setenta personas de Bet Semes porque miraron dentro del arca del Señor. El pueblo lloró.**

6. Movimiento de memorización – Regocíjense– Haga que los estudiantes levanten las manos en el aire emocionados y griten. Diga: **Este movimiento representa el regocijo que tuvo lugar cuando los israelitas vieron que el arca fue devuelta.**

Diga: **Ahora es su turno de contar la historia.** Devuelva los objetos a la bolsa. Invite a los niños a turnarse. Elija un voluntario para tomar un objeto de la bolsa sin mirar y que luego explique lo que significa/representa. O puede elegir repasar uno de los movimientos de memorización y explicar lo que representa. Después de que los niños retiren todos los objetos y los expliquen, pídale a un voluntario que los coloque en el orden correcto de la historia.

LECCIÓN BÍBLICA

Consejos para el maestro

Cuando lea el estudio bíblico enfatice estas ideas.

- Informe a los niños que los 70 hombres que murieron cometieron un delito grave. Mostraron una gran falta de respeto al arca y a Dios. Asegure a los niños que Dios no los matará cuando pequen.

Lea las Escrituras

Diga: **Dios requiere que todas las personas sepan que Él es santo y que lo respeten. Cuando el arca fue devuelta a los israelitas, ellos se regocijaron. Pero no todos lo trataron con el debido respeto.**

Lea 1 Samuel 6:1 – 7:1 en voz alta. Puede optar por utilizar los objetos y los movimientos para enfatizar los puntos principales.

Preguntas de discusión

Discuta la historia y haga las siguientes preguntas a los niños. Recuerde que puede no haber una respuesta correcta o incorrecta.

1. ¿Por qué los filisteos enviaron cinco ratas de oro con el arca?
2. ¿Por qué los filisteos eligieron enviar dos vacas que nunca usaron un yugo para conducir la carreta?
3. ¿Por qué se emocionaron los israelitas cuando volvieron a ver el arca?
4. ¿Por qué Dios causó la muerte de 70 israelitas?
5. ¿Crees que los filisteos mostraron más respeto a Dios que los israelitas? ¿Por qué sí o por qué no?

Reflexión final

Esta es la reflexión que quiere que los niños recuerden.

Diga: **Los filisteos enviaron el arca del pacto a Israel. Algunos de los israelitas adoraban a Dios, pero 70 de ellos lo desobedecieron cuando** miraron en el arca. Las leyes anteriores decían a los israelitas que no debían mirar dentro del arca. Esos 70 hombres no obedecieron las leyes de Dios para respetar el arca. No honraron a Dios. Dios quiere que lo respetemos y obedezcamos lo que Él dice.

PRÁCTICA DEL VERSÍCULO PARA MEMORIZAR

Santos, oh Dios, son tus caminos; ¿qué dios hay tan excelso como nuestro Dios? Salmo 77:13

Vea las «actividades del versículo para memorizar» para sugerencias que ayuden a los niños a aprender el versículo para memorizar.

ACTIVIDADES ADICIONALES

Las siguientes son actividades opcionales que puede utilizar para ayudar a los niños a comprender mejor la lección de hoy.

Objetos perdidos y encontrados

Usted necesitará:

- Una caja pequeña
- Un pequeño trozo de caramelo envuelto para cada niño

Elija a un niño para que sea «eso». Haga que ese niño se siente en la silla en el centro del aula. Dale la caja con caramelos. Explique las instrucciones del juego.

1. Dígale al niño que es «eso» que cierre los ojos.
2. Señale a un niño del grupo y pídale que tome la caja, la oculte en silencio y luego regrese a su asiento.
3. Dígale a «eso» que abra los ojos y adivine quién tomó la caja.
4. Si el niño adivina correctamente, él o ella recibe los caramelos. Si el niño adivina incorrectamente, el niño que tomó la caja recibe el caramelo.
5. Elija a otro niño para que sea «eso». Jueguen hasta que todos los niños reciban un pedazo de caramelo. Diga: **si ustedes fueran «eso», ¿cómo se sintieron cuando les quitaron la caja? ¿Cómo se sintieron cuando finalmente recibieron los caramelos? ¿Cómo creen que se sintió el pueblo de Dios cuando se les devolvió el arca?**

Diga: **En nuestro estudio bíblico de hoy, aprendimos que Dios requiere que todas las personas sepan que Él es santo y que lo respeten.**

ACTIVIDAD PARA NIÑOS MAYORES

Haga una lista

Diga: **Cuando los filisteos devolvieron el arca a los israelitas, se regocijaron. Sin embargo, todos no la trataron con el debido respeto. ¿De qué formas muestras respeto por Dios? Haremos una lista de maneras en que mostramos respeto por Dios.**

Si a los niños no se les ocurren respuestas, pregúnteles sobre las formas en que las personas no respetan a Dios. Luego haga que los niños cambien la respuesta negativa en una forma positiva de mostrar respeto. Compare las listas y discuta las respuestas. Haga una lista colaborativa o un póster de las respuestas. Pregunte, **¿Por qué debemos mostrar respeto por Dios? ¿Qué sucede cuando lo hacemos? ¿Qué sucede cuando no lo hacemos?**

 ## ESGRIMA BÍBLICO

Consulte la sección «Preguntas de repaso» para las preguntas de práctica rojas y azules para esta lección.

LECCIÓN 5

¡QUEREMOS UN REY!
1 SAMUEL 7:2 – 8:22

VERSÍCULO PARA MEMORIZAR

¡Refúgiense en el Señor y en su fuerza, busquen siempre su presencia! ¡Recuerden las maravillas que ha realizado, los prodigios y los juicios que ha emitido!

1 Crónicas 16:11-12 NVI

VERDADES SOBRE DIOS

*Esta lección enseñará las siguientes verdades sobre Dios. El asterisco * indica la verdad principal que debe enseñar a los niños.*

* Dios nos permite tomar decisiones.
- Dios quiere que su pueblo recuerde lo que hizo por ellos.

ENFOQUE Y RESUMEN DE LA LECCIÓN

En este estudio, los niños aprenderán que Dios nos da libertad para tomar decisiones. Dios no obliga a las personas a seguirlo. Quiere que las personas elijan seguirlo y amarlo.

1. Durante los siguientes 20 años, los israelitas se deshicieron de sus ídolos y sólo adoraron a Dios.
2. El Señor les dio a los israelitas la victoria sobre los filisteos. Samuel colocó una piedra Ebenezer como un recordatorio de la ayuda de Dios.
3. Los israelitas rechazaron a Dios como su rey y exigieron un rey terrenal.
4. Dios estuvo de acuerdo con la demanda de los israelitas, pero les advirtió de sus consecuencias.

ANTECEDENTES BÍBLICOS

Durante veinte años, Samuel dirigió a los israelitas. Dejaron de adorar a dioses extranjeros, y volvieron a adorar al Señor.

Los filisteos atacaron a los israelitas, y los israelitas le pidieron a Samuel que orara a Dios y le pidieran que los rescatara. El Señor aceptó las acciones de arrepentimiento de Israel, y les dio la victoria a los israelitas en la batalla. Samuel construyó un altar y lo llamó «Ebenezer», para recordarles a los israelitas la fidelidad de Dios.

Samuel envejeció, y designó a sus hijos, Joel y Abías, como jueces del pueblo. Joel y Abías eran corruptos. Entonces, los israelitas le pidieron a Samuel que nombrara un rey. El deseo de los israelitas

de ser como las otras naciones y tener un rey terrenal desagradó a Dios. Le dijo a Samuel que los israelitas rechazaban a Dios como su rey.

Dios le dijo a Samuel que advirtiera al pueblo. Un rey exigiría muchas cosas de los israelitas. Un rey eventualmente los convertiría en sus esclavos.

Llegaría el día en que los israelitas lamentarían haber pedido un rey. Ese día, pedirán a Dios auxilio y Dios no se lo concederá.

A pesar de las advertencias de Dios, los israelitas todavía exigían un rey. Dios le dijo a Samuel que escuchara a los israelitas y que nombrara un rey.

 ¿SABÍAS QUE...?

Ebenezer significa «piedra de ayuda». La colocación de la piedra Ebenezer fue una manera de recordar a los israelitas que Dios los ayudó. También se utilizaría para enseñar a las generaciones futuras que podían confiar en Dios.

VOCABULARIO

Personas

Los **ancianos** de Israel eran los hombres que gobernaban en cada comunidad o tribu.

Lugares

Mizpa era una ciudad cerca de Jerusalén. La palabra Mizpah significa "atalaya".

Ramá es el lugar de nacimiento y el hogar de Samuel. Fue aquí donde los israelitas exigieron un rey.

Cosas

Una **ofrenda quemada** es una ofrenda donde se quema todo el sacrificio. Mostraba la rendición y la obediencia de los israelitas.

El **Ebenezer** era una piedra, y la palabra significa «piedra de ayuda». Samuel lo erigió entre Mizpa y Sen.

NARRACIÓN DE LA HISTORIA

Cada semana necesitará los siguientes objetos.

1. Algo para transportar cosas como una pequeña bolsa de viaje.
2. Un contenedor para almacenar los objetos de la historia de cada semana (puede ser una bolsa, un cesto o una caja).

Para la historia de hoy, también necesitará los siguientes objetos.

3. Una medalla, trofeo o premio
4. Una piedra
5. Una corona

Antes de la clase

1. Lea 1 Samuel 7:2 – 8:22.
2. Reúna los objetos de la historia de hoy. Sustituya los objetos no disponibles por una imagen.
3. Pase todos los objetos de la lección anterior de la bolsa de viaje al contenedor de almacenamiento. Coloque este contenedor al lado del área de narración de la historia.

4. Coloque los objetos de la historia de hoy dentro de la bolsa de viaje. Ponga la bolsa de viaje en el área de narración de la historia.

Sigue al líder

Dígales a los niños que se pongan en línea recta, uno detrás del otro. Elija a un niño para que sea el líder. Dígales a los niños que deben observar al líder e imitar todo lo que haga. El líder conducirá el grupo alrededor del aula. Debe utilizar diferentes gestos con las manos, sonidos o movimientos para que los niños los imiten. Por ejemplo, el líder puede caminar con pasos de bebé, pasos grandes o saltos. Termine el juego en el área de narración de la historia.

Repaso opcional de la lección

Pida a un voluntario que seleccione un objeto del contenedor y que explique lo que representaba en la lección anterior.

Narración de la historia

Lea estas instrucciones antes de comenzar.

1. Concéntrese en los puntos principales mientras cuenta la historia con sus propias palabras. Saque un objeto de la bolsa para ilustrar cada punto. Si se siente cómodo, incluya más detalles. Si es necesario, puede utilizar el guion sugerido.
2. Mientras cuenta la historia, muestre cada objeto en orden. Coloque el objeto donde los niños puedan verlo.
3. Después de contar la historia, vuelva a colocar todos los objetos dentro de la bolsa.
4. Para repasar la historia, pida a un voluntario que saque un objeto de la bolsa y diga lo que representa. Repita este proceso con todos los objetos hasta que los niños puedan volver a contar la historia por completo.

5. Repase el "movimiento de memorización" que se describe a continuación. Haga este movimiento cada vez que mencione lo que representa.

Puntos principales en orden

Diga: **Hoy continuamos explorando el libro de 1 Samuel. Cada semana empaco nuestra bolsa de viaje con las herramientas que necesitamos para nuestro viaje. Hoy comenzamos con...** Desempaque los objetos mientras cuenta la historia.

1. Sostenga la medalla, trofeo o premio. Diga: **El arca permaneció en Quiriat Yearín durante 20 años. Samuel le dijo al pueblo que se deshiciera de sus dioses extranjeros, por lo que lo hicieron. Ayunaron y confesaron su pecado. Los gobernantes de los filisteos trataron de acercarse sigilosamente a los israelitas y derrotarlos en la batalla. Los israelitas le pidieron a Samuel que orara a Dios por ellos. Dios los ayudó y les dio la victoria.**

2. Sostenga la piedra. Diga: **Samuel colocó una piedra entre Mizpa y Sen. La llamó Ebenezer, diciendo: «Hasta ahora el Señor nos ha ayudado».**

3. Muestre la corona. Diga: **Samuel designó a sus hijos como jueces para Israel. Pero eran deshonestos y aceptaban sobornos. Los ancianos de Israel le pidieron a Samuel que nombrara un rey para gobernarlos. Querían un rey como las otras naciones a su alrededor.**

4. Movimiento de memorización — Pregunta – Haga que los estudiantes usen su dedo índice para escribir un signo de interrogación en el aire. Diga: **Los israelitas le pidieron un rey a Samuel.**

5. Señale con el dedo. Diga: **el Señor le dijo a Samuel que escuchara su petición. El Señor dijo: «En realidad, no te han rechazado a ti, sino a mí, pues no quieren que yo reine sobre**

Estudios Bíblicos para Niños
www.KidzFirstPublications.org

ellos». Sin embargo, Dios le dijo que les diera una advertencia sobre lo que un rey les haría. A pesar de la advertencia, el pueblo todavía pedía un rey. El Señor le dijo a Samuel que les diera un rey.

Diga: **Ahora es su turno de contar la historia.** Devuelva los objetos a la bolsa. Invite a los niños a turnarse. Elija un voluntario para tomar un objeto de la bolsa sin mirar y que luego explique lo que significa/representa. O puede elegir repasar uno de los movimientos de memorización y explicar lo que representa. Después de que los niños retiren todos los objetos y los expliquen, pídale a un voluntario que los coloque en el orden correcto de la historia.

LECCIÓN BÍBLICA

Consejos para el maestro

Cuando lea el estudio bíblico enfatice estas ideas.

- Recuérdeles a los niños que el Señor es fiel. Dios continuó su fidelidad a los israelitas a pesar de sus errores. Prometió salvar a los israelitas de los filisteos si lo seguían.

Lea las Escrituras

Diga: **Hoy vemos a los israelitas tomar una gran decisión. Eligieron servir a un rey en lugar de a Dios. Pensaron que sería mejor que una persona los guiara en lugar de que Dios los guiara. Aunque Dios no estaba contento con su decisión, les permitió tomarla. Dios nos da libertad para tomar nuestras propias decisiones. Él quiere que elijamos seguirlo y amarlo.**

Lea 1 Samuel 7:2 — 8:22 en voz alta. Puede optar por utilizar los objetos y los movimientos para enfatizar los puntos principales.

Preguntas de discusión

Discuta la historia y haga a los niños las siguientes preguntas. Recuerde que puede no haber una respuesta correcta o incorrecta.

1. ¿Cómo ayudó la piedra Ebenezer a los israelitas a recordar la fidelidad de Dios?
2. ¿Por qué los israelitas pidieron un rey? ¿Por qué estaba Dios molesto por su petición?
3. Imagina que eres israelita. Escuchas la advertencia que Samuel dio sobre el rey. ¿Querrías un rey? ¿Por qué sí o por qué no?
4. ¿Cómo se relaciona el versículo para memorizar de hoy, 1 Crónicas 16:11-12, con esta historia y con tu vida?

Reflexión final

Esta es la reflexión que quiere que los niños recuerden.

Diga: **¿qué tipo de decisiones puedes tomar durante el día? ¿Eliges qué comerás para el almuerzo, qué ropa usarás o qué harás después de la escuela? Algunas decisiones son fáciles de tomar. Otras son difíciles. Los israelitas tomaron una gran decisión: servir a un rey en lugar de servir a Dios. Aunque Dios no estaba contento con su decisión, les permitió tomarla. Dios no obliga a las personas a seguirlo. Él quiere que elijamos seguirlo y amarlo.**

PRÁCTICA DEL VERSÍCULO PARA MEMORIZAR

¡Refúgiense en el Señor y en su fuerza, busquen siempre su presencia! ¡Recuerden las maravillas que ha realizado, los prodigios y los juicios que ha emitido! 1 Crónicas 16:11-12 NVI

Vea las «actividades del versículo para memorizar» para sugerencias que ayuden a los niños a aprender el versículo para memorizar.

ACTIVIDADES ADICIONALES

Las siguientes son actividades opcionales que puede utilizar para ayudar a los niños a comprender mejor la lección de hoy.

1. Antes de la clase busque en línea laberintos para niños o cree uno propio. Haga copias para los niños. Después de que los niños terminen el laberinto diga: **Mientras trabajaban en el laberinto, tenían que elegir en qué dirección ir. Algunos de ustedes tomaron la decisión correcta a menudo. Algunos de ustedes tomaron decisiones equivocadas. En la historia de hoy, vemos que Dios nos permite tomar nuestras propias decisiones, incluso si nos llevan a un callejón sin salida.** Anime a los niños a discutir formas que los ayuden a tomar buenas decisiones.

2. Lea 1 Samuel 7:3. Pregunte: **¿Cuáles son algunos objetos o personas que son ídolos en la vida de un niño? ¿Qué necesitan quitar los niños de sus vidas para servir al Señor de todo corazón?**

Juego: ¿Cuál es tu elección?

Antes de la clase, prepare una bandeja de rodajas de fruta para su clase y una segunda bandeja de caramelos. Pregunte cuál preferirían y por qué. Luego discutan sobre cuál es la mejor opción y por qué. Deles ambos bocadillos. Diga: **los caramelos saben bien por un momento, pero a la larga son malos para ti. Los israelitas tomaron una decisión similar. Dios les dijo que un rey les traería problemas. Pero los israelitas prefirieron la satisfacción instantánea de un rey terrenal en lugar de confiar en Dios como Rey. Y aunque Él sabía lo que era mejor para ellos, Dios les dio lo que pidieron. La elección de los israelitas tuvo muchas consecuencias para su futuro.**

ACTIVIDAD PARA NIÑOS MAYORES

Esta actividad ayudará a los estudiantes a saber que las decisiones que tomamos tienen consecuencias.

- Vasos o tazones de plástico o papel que no sean transparentes
- Un objeto para poner debajo de la taza, un mármol, una piedra, papel arrugado

Pida a los estudiantes que formen dos equipos. El líder pondrá el objeto debajo de una de las tazas. Mezclarán las tazas y le pedirán al estudiante que recoja la taza que tiene el objeto. Si eligieron la taza con el objeto, pueden ir a un lado del aula. Si eligieron la taza sin el objeto, tienen que ir al final de la línea. El primer equipo en llevar a todos sus jugadores al otro lado del aula gana.

Diga, mientras tomaban decisiones buscando el objeto debajo de la taza, hubo consecuencias. Si eligen correctamente tienen que avanzar, si no, tienen que volver atrás e intentarlo de nuevo. No sabían en qué vaso estaba el objeto. Sin embargo, los israelitas sabían que su elección de un rey les traería problemas. Ellos sufrieron las consecuencias. Dios nos permite tomar decisiones.

 ESGRIMA BÍBLICO

Consulte la sección «Preguntas de repaso» para las preguntas de práctica rojas y azules para esta lección.

LECCIÓN 6

QUE VIVA EL REY
1 SAMUEL 9:1 — 10:1, 17-24

VERSÍCULO PARA MEMORIZAR

Dios es el rey de toda la tierra; por eso, cántenle un salmo solemne.

Salmo 47:7

VERDADES SOBRE DIOS

*Esta lección enseñará las siguientes verdades sobre Dios. El asterisco * indica la verdad principal que debe enseñar a los niños.*

* Dios continúa ayudando a su pueblo, incluso cuando hace una mala elección.
- Dios nos ayuda a conocer Su voluntad.

ENFOQUE Y RESUMEN DE LA LECCIÓN

En este estudio, los niños aprenderán que el pecado rompe nuestra relación con Dios y a menudo afecta a los demás. Sin embargo, Dios provee una manera de restaurar la relación rota.

1. Saúl, un benjamita, era un hombre muy impresionante porque era tan alto que los demás apenas le llegaban al hombro
2. Cuando Saúl no pudo encontrar los asnos de su padre, fue a Samuel a pedir consejo.
3. Samuel invitó a Saúl a un banquete. Luego ungió a Saúl como rey.
4. En una reunión, Samuel presentó a Saúl como rey. Los israelitas lo apoyaron.

ANTECEDENTES BÍBLICOS

Aunque Dios se opuso al deseo de los israelitas de tener un rey, estuvo involucrado en la situación de Saúl todo el tiempo.

Cuando Saúl salió en busca de los burros perdidos de su padre, acudió a Samuel en busca de ayuda. Dios le dijo a Samuel que Saúl sería el nuevo rey. Samuel invitó a Saúl a un banquete y después lo ungió como rey.

Samuel reunió a todos los israelitas.

Samuel eligió a Saúl echando suertes, lo que significa que lo eligieron al azar. Esto eliminó la posibilidad de que un humano tomara la decisión. Aparentemente, Saúl estaba abrumado con el

Estudios Bíblicos para Niños
www.KidzFirstPublications.org

papel que estaba a punto de asumir, así que se escondió. Cuando lo encontraron, lo llevaron ante el pueblo y lo aclamaron como su rey.

Aunque Saúl tenía dudas, era exactamente lo que el pueblo esperaba de un rey: era alto, de buena complexión y de familia rica. Saúl minimizó el estatus de su familia y dio la excusa válida de que era de la pequeña tribu de Benjamín. Saúl parecía ser consciente de sus limitaciones. Esta historia muestra cómo Dios elige a los débiles.

Saúl no se aferró al poder y al reconocimiento. En cambio, prefería vivir con su familia. Claramente tenía potencial para ser un buen rey. El Señor incluso lo había equipado dándole un corazón nuevo (ver 10:6, 9). Aunque Israel hizo una mala elección que haría sus vidas más difíciles a largo plazo, el Señor les proporcionó un buen comienzo para un rey.

 ## ¿SABÍAS QUE…?

En el banquete, la pierna de carne que le dieron a Saúl era una de las mejores piezas. Fue un honor para Saúl recibirla.

 ## VOCABULARIO

Palabras de fe

Ungir significa poner aceite en la cabeza de alguien. Reyes, sacerdotes y profetas recibieron esto como un acto de bendición y consagración. Mostraba que Dios elegía a la persona para hacer algo importante por Él.

Personas

Quis era el padre de Saúl.

Saúl fue el primer rey de Israel.

Un **vidente** era un profeta. Él o ella recibía mensajes de Dios a través de sueños o visiones.

Cosas

Que le **llegaran al hombro** significa que Saúl era mucho más alto que los demás israelitas, y parecía un rey.

Un **siclo** era una unidad de peso, unos 12 gramos. La lección menciona tres gramos o un cuarto de siclo.

El **frasco** que se menciona era un frasco con una abertura estrecha. Contenía líquidos.

Echar **suertes** y elegir por sorteo significa usar piedras pequeñas u otros objetos para elegir un curso de acción, aparentemente al azar. Muchas culturas usaron este método para determinar la voluntad de los dioses. Los israelitas hicieron esto para tratar de determinar la voluntad de Dios.

Estudios Bíblicos para Niños
www.KidzFirstPublications.org

1 y 2 de Samuel

NARRACIÓN DE LA HISTORIA

Cada semana necesitará los siguientes objetos.

1. Algo para transportar cosas como una pequeña bolsa de viaje.
2. Un contenedor para almacenar los objetos de la historia de cada semana (puede ser una bolsa, un cesto o una caja).

Para la historia de hoy, también necesitará los siguientes objetos.

3. Regla o cinta métrica
4. Un burro de plástico o de peluche o una imagen de un burro
5. Aceite
6. Una corona

Antes de la clase

1. Lea 1 Samuel 9:1 — 10:1, 17-24
2. Reúna los objetos de la historia de hoy. Sustituya los objetos no disponibles por una imagen.
3. Pase todos los objetos de la lección anterior de la bolsa de viaje al contenedor de almacenamiento. Coloque este contenedor al lado del área de narración de la historia.
4. Coloque los objetos de la historia de hoy dentro de la bolsa de viaje. Ponga la bolsa de viaje en el área de narración de la historia.

Sigue al líder

Dígales a los niños que se pongan en línea recta, uno detrás del otro. Elija a un niño para que sea el líder. Dígales a los niños que deben observar al líder e imitar todo lo que haga. El líder conducirá el grupo alrededor del aula. Debe utilizar diferentes gestos con las manos, sonidos o movimientos para que los niños los imiten. Por ejemplo, el líder puede caminar con pasos de bebé, pasos grandes o saltos. Termine el juego en el área de narración de historias.

Repaso opcional de la lección

Pida a un voluntario que seleccione un objeto del contenedor y que explique lo que representaba en la lección anterior.

Narración de la historia

Lea estas instrucciones antes de comenzar.

1. Concéntrese en los puntos principales mientras cuenta la historia con sus propias palabras. Saque un objeto de la bolsa para ilustrar cada punto. Si se siente cómodo, incluya más detalles. Si es necesario, puede utilizar el guion sugerido.
2. Mientras cuenta la historia, muestre cada objeto en orden. Coloque el objeto donde los niños puedan verlo.
3. Después de contar la historia, vuelva a colocar todos los objetos dentro de la bolsa.
4. Para repasar la historia, pida a un voluntario que saque un objeto de la bolsa y diga lo que representa. Repita este proceso con todos los objetos hasta que los niños puedan volver a contar la historia por completo.
5. Repase el "movimiento de memorización" que se describe a continuación. Haga este movimiento cada vez que mencione lo que representa.

Puntos principales en orden

Diga: **Hoy continuamos explorando el libro de 1 Samuel. Cada semana empaco nuestra bolsa de viaje con las herramientas que necesitamos para nuestro viaje. Hoy comenzamos con...** Desempaque los objetos mientras cuenta la historia.

Estudios Bíblicos para Niños
www.KidzFirstPublications.org

1. Sostenga la regla o la cinta métrica. Diga: **Quis, un benjamita, tenía un hijo llamado Saúl. Saúl era un joven apuesto. Era tan alto que todos llegaban al hombro.**
2. Burro. Diga: los **burros de Quis se habían perdido. Quis le pidió a Saúl que llevara a un sirviente con él para encontrarlos. Cuando llegaron al distrito de Zuf, Saúl le dijo a su siervo que debían regresar para que su padre no se preocupara. El criado le dijo que esta era la ciudad donde estaba el hombre de Dios. Tal vez él podía decirles qué camino tomar.**
4. Diga: **El Señor le había dicho a Samuel el día antes que Saúl iría y que le ungiría por gobernante sobre su pueblo Israel.**
5. Dé pasos como si estuviera caminando. Diga: **Saúl encontró a Samuel. Samuel le dijo que no se preocupara por los burros que se habían perdido. Los habían encontrado. Samuel llevó a Saúl y a su criado a la sala y los sentó a la cabeza de los invitados.**
6. Tome el aceite. Diga: **Samuel tomó un frasco de aceite de oliva y lo derramó sobre la cabeza de Saúl y lo besó, diciendo: «¡Es el Señor quien te ha ungido para que gobiernes a su pueblo!»**
7. Ponga la mano sobre la frente como si buscara a alguien. Diga: **Samuel convocó al pueblo del Señor y le dijo que se presentaran por sus tribus y clanes. Cuando Samuel trajo a la tribu de Benjamín, no encontraron a Saúl. El Señor dijo: «Se ha escondido entre el equipaje».**
8. Corona. Diga: **Corrieron y sacaron a Saúl y el pueblo gritó: «¡Viva el rey!»**

Diga: **Ahora es su turno de contar la historia.** Devuelva los objetos a la bolsa. Invite a los niños a turnarse. Elija un voluntario para tomar un objeto de la bolsa sin mirar y que luego explique lo que significa/representa. O puede elegir repasar uno de los movimientos de memorización y explicar lo que representa. Después de que los niños retiren todos los objetos y los expliquen, pídale a un voluntario que los coloque en el orden correcto de la historia.

LECCIÓN BÍBLICA

Consejos para el maestro

Cuando lea el estudio bíblico enfatice estas ideas.

- Recuérdeles a los niños que Dios continuó trabajando con los israelitas. Pensó que su petición de un rey era una mala idea, pero no los detuvo. Dios nos da libertad para tomar decisiones correctas o incorrectas.

Lea las Escrituras

Diga: **Los israelitas tomaron una mala decisión. Ellos querían seguir a un rey en lugar de a Dios. Aunque Dios no estuvo de acuerdo, los ayudó a encontrar un rey. A veces Dios trabaja con nosotros incluso cuando tomamos una mala decisión.**

Lea 1 Samuel 9:1 — 10:1, 17-24 en voz alta. Puede optar por utilizar los objetos y los movimientos para enfatizar los puntos principales.

Preguntas de discusión

Discuta la historia y haga las siguientes preguntas a los niños. Recuerde que puede no haber una respuesta correcta o incorrecta.

1. **Dios le dijo a Samuel que al día siguiente vería al hombre que sería el rey de los israelitas. ¿Cómo crees que Samuel reaccionó**

al mensaje de Dios de que se encontraría con el futuro rey? ¿Qué harían ustedes?

2. ¿Cuál fue la respuesta de Samuel cuando conoció a Saúl? ¿Creen que él pensó que Saúl sería un buen rey?

3. ¿Cómo creen que se sintió Saúl cuando Samuel lo ungió como rey? ¿Qué cambió la actitud de Saúl acerca de ser rey?

4. ¿Qué creen que pensó el pueblo cuando escucharon que su futuro rey estaba escondido?

Reflexión final

Esta es la reflexión que quiere que los niños recuerden.

Diga: **A veces, tomamos malas decisiones. Si alguna vez han comido muchos bocadillos y luego no han tenido espacio para cenar o comer postre, ya saben lo que es una mala elección. Los israelitas tomaron una decisión terrible. Ellos querían seguir a un rey en lugar de a Dios. Dios los ayudó a encontrar un rey. A veces Dios trabaja con su pueblo incluso cuando han hecho una mala elección.**

PRÁCTICA DEL VERSÍCULO PARA MEMORIZAR

Dios es el rey de toda la tierra; por eso, cántenle un salmo solemne. Salmo 47:7

Vea las «actividades del versículo para memorizar» para sugerencias que ayuden a los niños a aprender el versículo para memorizar.

ACTIVIDADES ADICIONALES

Las siguientes son actividades opcionales que puede utilizar para ayudar a los niños a comprender mejor la lección de hoy.

1. Diga: **Voy a contar partes de la historia de nuevo. Siempre que diga algo que no sea verdadero o correcto, levanten la mano.** Asegúrese de mezclar el orden de los eventos y cambie algunas de sus afirmaciones para que sean falsas. Pida a un estudiante que lo corrija. Por ejemplo, usted podría decir «Saúl siempre quiso ser rey de Israel».

Juego: Rey por un día

Antes de la lección

- Corte 5 trozos de cartulina o cuartos de hojas de papel.

- Divida el versículo para memorizar en 14 secciones. Imprima cada palabra en un pedazo de cartulina por separado.

- Reemplace las siguientes palabras con símbolos: Rey (una imagen de una corona); tierra (una imagen de la tierra); y cántenle (una imagen de una nota musical). Mezcle las piezas de la cartulina para que el versículo quede desordenado

1. Tenga las palabras en un tazón o cubo en un extremo del aula. Pida a cada estudiante que haga un relevo de un lado del aula al siguiente para recuperar cada una de las palabras. El estudiante llevará la palabra de vuelta a donde comenzó y el siguiente estudiante le seguir. Una vez que todas las palabras estén reunidas, haga que los estudiantes las pongan en el orden correcto y digan el versículo.

Estudios Bíblicos para Niños
www.KidzFirstPublications.org

1 y 2 de Samuel

ACTIVIDAD PARA NIÑOS MAYORES

¿Cómo es un rey?

Haga un dibujo de la corona de un rey en una hoja de papel grande. Cuélguelo en el aula en un lugar donde se pueda dejar durante varias semanas. Debajo de la corona deje suficiente espacio para tres columnas. En la parte superior de la columna de la izquierda, escriba «Saúl». En la columna del medio, escriba «Rey ideal». Deje la tercera columna en blanco por ahora (la usará en la Lección 20).

Diga: **Hoy aprendimos que Saúl fue ungido como rey. ¿Cuáles son algunas de las cualidades que debería tener un rey ideal?** Permita que los estudiantes tengan tiempo para hacer una lluvia de ideas sobre las cualidades que creen que debería tener un rey ideal. Escriba las respuestas en la columna del medio.

Diga: **Durante las próximas lecciones aprenderemos sobre el reinado de Saúl. Veamos los aciertos que tuvimos**. Cada semana, actualice la columna de la izquierda con las cualidades que descubra sobre Saúl.

 ## ESGRIMA BÍBLICO

Consulte la sección «Preguntas de repaso» para las preguntas de práctica rojas y azules para esta lección.

LECCIÓN 7

¡UNA DECISIÓN TONTA!
1 SAMUEL 12:1 — 13:15

VERSÍCULO PARA MEMORIZAR

Pero los exhorto a temer al Señor y a servirle fielmente y de todo corazón, recordando los grandes beneficios que él ha hecho en favor de ustedes.

1 Samuel 12:24

VERDADES SOBRE DIOS

*Esta lección enseñará las siguientes verdades sobre Dios. El asterisco * indica la verdad principal que debe enseñar a los niños.*

* Dios es fiel a su pueblo y requiere su obediencia.
- Dios quiere que le obedezcamos pero no nos obliga a hacerlo.
- Esperar a Dios (paciencia) es una habilidad que todos debemos aprender.

ENFOQUE Y RESUMEN DE LA LECCIÓN

En este estudio, los niños aprenderán que el propósito de Dios para el castigo era transformar y santificar a Israel para que pudiera disfrutar de una relación con ellos. Lo mismo es cierto para nosotros hoy.

1. Samuel les recordó a los israelitas las muchas cosas que Dios hizo por ellos.
2. Samuel dijo a los israelitas que obedecieran a Dios. Si no lo hacían, su mano se volvería contra ellos.
3. Samuel no se presentó a tiempo para hacer un sacrificio antes de la batalla. Con impaciencia, Saúl ofreció el sacrificio él mismo.
4. Ya que Saúl no esperó a Samuel, el profeta le dijo que su reino iba a fracasar.

ANTECEDENTES BÍBLICOS

En el capítulo 11, Saúl llevó a los israelitas a la batalla, y derrotaron a los amonitas. Algunos israelitas dudaban que Saúl fuera la elección correcta para ser rey, pero esta victoria los convenció de que sí lo era.

Samuel les habló a los israelitas. Les preguntó si los había maltratado. Los israelitas afirmaron que Samuel no los engañó ni abusó de su poder. Les recordó a los israelitas todo lo que el Señor hizo por ellos. Cuando fueron fieles a Dios, Él proveyó para ellos. Dios rescató a los israelitas de sus situaciones estresantes, y los israelitas aprendieron que siempre podían confiar en Dios.

Estudios Bíblicos para Niños
www.KidzFirstPublications.org

1 y 2 de Samuel

Samuel les recordó a los israelitas que Dios había accedido a darles un rey. Los israelitas entendieron que su rey humano estaba bajo la autoridad de Dios, el verdadero Rey. Si los israelitas obedecían a Dios, prosperarían. Si los israelitas no obedecían a Dios, Él los castigaría. El pueblo prometió permanecer fiel a Dios.

En la siguiente batalla, Saúl reprobó una prueba de confianza y de obediencia. Quería que alguien realizara el ritual de una ofrenda quemada. Sin embargo, sólo a los sacerdotes se les permitía ofrecer estos sacrificios. Saúl no esperó lo suficiente para que Samuel llegara. Y en vez de esto, Saúl realizó el ritual. Samuel le dijo a Saúl que esto era un acto serio de desobediencia. Debido a que Saúl reprobó esta prueba, el Señor establecería un linaje diferente de reyes para los israelitas.

¿SABÍAS QUE…?

Debido a que era temporada de cosecha, el trueno y la lluvia podrían ser un desastre. Por lo tanto, cuando Dios los mandó, los israelitas supieron era un juicio por sus decisiones y no simplemente un evento natural.

VOCABULARIO

Personas

- **Moisés** fue un siervo de Dios que sacó a los israelitas de Egipto.
- **Aarón** era el hermano de Moisés.
- **Jacob** era hijo de Isaac. Llevó a su familia a vivir a Egipto después de que su hijo, José, se convirtiera en un líder en ese país.
- **El rey de Moab** gobernó una nación de personas que vivían al este del Mar Muerto.
- Los **amonitas** eran los enemigos de Israel.
- **Jonatán** era hijo de Saúl.

Lugares

- **Jazor** era una ciudad al norte del mar de Galilea. En el Libro de Jueces se narra que los israelitas sufrieron abusos durante 20 años por los ejércitos de Jazor.
- **Micmás** era una ciudad a 11 kilómetros al noreste de Jerusalén.
- **Guibeá** era una ciudad al sur de Micmás.
- **Guilgal** fue el lugar donde Samuel ofreció sacrificios después de que Saúl fuera ungido como rey.

NARRACIÓN DE LA HISTORIA

Cada semana necesitará los siguientes objetos.

1. Algo para transportar cosas como una pequeña bolsa de viaje.

2. Un contenedor para almacenar los objetos de la historia de cada semana (puede ser una bolsa, un cesto o una caja).

Para la historia de hoy, también necesitará los siguientes objetos.

3. Un pedazo de papel o tela gris
4. Una olla de metal y una cuchara
5. Un reloj o un temporizador

Antes de la clase

1. Lea 1 Samuel 12:1 — 13:15
2. Reúna los objetos de la historia de hoy. Sustituya los objetos no disponibles por una imagen.
3. Pase todos los objetos de la lección anterior de la bolsa de viaje al contenedor de almacenamiento. Coloque este contenedor al lado del área de narración de la historia.
4. Coloque los objetos de la historia de hoy dentro de la bolsa de viaje. Ponga la bolsa de viaje en el área de narración de la historia.

Sigue al líder

Dígales a los niños que se pongan en línea recta, uno detrás del otro. Elija a un niño para que sea el líder. Dígales a los niños que deben observar al líder e imitar todo lo que haga. El líder conducirá el grupo alrededor del aula. Debe utilizar diferentes gestos con las manos, sonidos o movimientos para que los niños los imiten. Por ejemplo, el líder puede caminar con pasos de bebé, pasos grandes o saltos. Termine el juego en el área de narración de la historia.

Repaso opcional de la lección

Pida a un voluntario que seleccione un objeto del contenedor y que explique lo que representaba en la lección anterior.

Narración de la historia

Lea estas instrucciones antes de comenzar.

1. Concéntrese en los puntos principales mientras cuenta la historia con sus propias palabras. Saque un objeto de la bolsa para ilustrar cada punto. Si se siente cómodo, incluya más detalles. Si es necesario, puede utilizar el guion sugerido.
2. Mientras cuenta la historia, muestre cada objeto en orden. Coloque el objeto donde los niños puedan verlo.
3. Después de contar la historia, vuelva a colocar todos los objetos dentro de la bolsa.
4. Para repasar la historia, pida a un voluntario que saque un objeto de la bolsa y diga lo que representa. Repita este proceso con todos los objetos hasta que los niños puedan volver a contar la historia por completo.
5. Repase el "movimiento de memorización" que se describe a continuación. Haga este movimiento cada vez que mencione lo que representa.

Puntos principales en orden

Diga: **Hoy continuamos explorando el libro de 1 Samuel. Cada semana empaco nuestra bolsa de viaje con las herramientas que necesitamos para nuestro viaje. Hoy comenzamos con...** Desempaque los objetos mientras cuenta la historia.

1. Sostenga la tela gris. Diga: **Samuel le dijo a Israel: "Ya estoy viejo y lleno de canas, yo los he guiado a ustedes desde mi juventud. ¿A quién he defraudado? Acúsenme, y pagaré lo que corresponda». Israel dijo: «No le has robado nada a nadie».**

2. Levante el pulgar hacia arriba y luego hacia abajo. Diga: **Samuel les recordó que ellos eran quien habían pedido un rey. Les dijo que si tanto ellos como el rey seguían al Señor,**

Estudios Bíblicos para Niños
www.KidzFirstPublications.org

1 y 2 de Samuel

entonces sería bueno. Pero si no, el Señor estaría contra ellos.

3. Tome la olla de metal y la cuchara y golpee en ella para hacer un sonido como un trueno. Diga: **Samuel le dijo a Israel que Dios iba a enviar truenos y lluvia para que vieran lo malo que era pedir un rey. Y así lo hizo el Señor. El pueblo le dijo a Samuel que orara por ellos. Samuel le dijo al pueblo que no tuvieran miedo sino que sirvieran al Señor.**

4. Reloj o temporizador. Diga: **Saúl se impacientó. Esperó siete días para que Samuel ofreciera un sacrificio, pero luego se cansó de esperar. Con impaciencia, Saúl ofreció el sacrificio él mismo. Samuel le dijo que había hecho una tontería al no esperar. Samuel le dijo que el Señor había elegido a** otro hombre para guiar a Israel, un hombre según el corazón de Dios.

4. Movimiento de memorización. Pida a los estudiantes que den golpecitos a su muñeca como si se impacientaran y señalen un reloj. Diga: **Saúl tomó una decisión tonta. Fue impaciente y no esperó a Samuel.**

Diga: **Ahora es su turno de contar la historia.** Devuelva los objetos a la bolsa. Invite a los niños a turnarse. Elija un voluntario para tomar un objeto de la bolsa sin mirar y que luego explique lo que significa/representa. O puede elegir repasar uno de los movimientos de memorización y explicar lo que representa. Después de que los niños retiren todos los objetos y los expliquen, pídale a un voluntario que los coloque en el orden correcto de la historia.

LECCIÓN BÍBLICA

Consejos para el maestro

Recuérdeles a los niños que Saúl reveló su verdadera naturaleza a través de sus acciones. Por ejemplo, en 1 Samuel 10:8, Samuel le dijo a Saúl que lo esperara por siete días. Sin embargo, Saúl no esperó lo suficiente. Saúl estaba impaciente y estaba asustado. Pensó que podía fortalecer las posibilidades de Israel en la batalla ofreciendo un sacrificio al Señor, a pesar de que violaba el mandato de Dios. Saúl desobedeció las instrucciones de Samuel, y por lo tanto desobedeció a Dios.

Lea las Escrituras

Antes de contar la historia diga: **Dios es fiel a Su pueblo, y Él requiere obediencia. En las escrituras de hoy Samuel le recordó al pueblo la fidelidad de Dios para con ellos. Dios los cuidó bien y sin embargo, los israelitas lo desobedecieron muchas veces.**

Lea 1 Samuel 12:1 — 13:15 en voz alta. Puede optar por utilizar los objetos y los movimientos para enfatizar los puntos principales.

Preguntas de discusión

Discuta la historia y haga las siguientes preguntas a los niños. Recuerde que puede no haber una respuesta correcta o incorrecta.

1. ¿Por qué Samuel se tomó el tiempo de recordarles a los israelitas lo que Dios hizo por ellos? ¿Cuáles son algunas maneras que pueden usar para recordar lo que Dios hizo por ustedes? Hagan una lista de las formas en que Dios ayudó a los niños de su grupo.

2. Samuel le pidió al Señor que enviara truenos y lluvias, y lo hizo. Era la estación seca.

¿Qué mostraron los truenos y la lluvia a los israelitas?

3. Lea 1 Samuel 10:8 y luego 13:8-14. Pregunte, ¿qué hizo mal Saúl? ¿Qué era mejor hacer? Si fueran Saúl, ¿qué harían?

4. ¿Cómo se relaciona el versículo para memorizar, 1 Samuel 12:24, con esta historia?

Reflexión final

Esta es la reflexión que quiere que los niños recuerden.

Diga: **Dios es fiel a su pueblo, y Él requiere obediencia.**

Si el pueblo es fiel, puede confiar en que cumplirá sus promesas. Samuel les recordó a los israelitas la fidelidad de Dios hacia ellos. ¿Cuáles son algunas maneras en que Dios fue fiel a los israelitas?

¿Cuáles son algunas de formas en que Dios los ayudó a ustedes, a su familia y a sus amigos? Dios les es fiel y Él quiere que sean fieles a Él.

Somos fieles a Dios cuando le obedecemos. ¿De qué manera pueden ser fieles a Dios cada día?

Cada día tienen que tomar decisiones. Elijan ser fieles a Dios y obedecerle.

PRÁCTICA DEL VERSÍCULO PARA MEMORIZAR

Pero los exhorto a temer al Señor y a servirle fielmente y de todo corazón, recordando los grandes beneficios que él ha hecho en favor de ustedes. 1 Samuel 12:24

Vea las «actividades del versículo para memorizar» para sugerencias que ayuden a los niños a aprender el versículo para memorizar.

ACTIVIDADES ADICIONALES

Las siguientes son actividades opcionales que puede utilizar para ayudar a los niños a comprender mejor la lección de hoy.

1. Haga una línea de tiempo de la vida de Samuel. Incluya los eventos importantes de la vida de Samuel de los capítulos 1 al 13 de 1 Samuel. Deje espacio para agregar más en las próximas semanas. Pregunte: **¿Cómo los eventos de la vida de Samuel muestran su devoción a Dios? ¿Qué aprendiste del rol de Samuel como juez y profeta?**

Juego: Samuel dice

Si es posible, prepárese para disfrazarse de Samuel.

El maestro desempeñará el papel de «Samuel». Párese de frente a los estudiantes. Diga: **Soy Samuel. Les diré que hagan algunas cosas, y quiero que imiten mis acciones. Escuche estas palabras: «Samuel dice». Sólo hagan lo que yo hago si digo, «Samuel dice». Si digo: «Samuel dice: 'Levanta tu mano'», entonces deben levantar la mano. Pero, si digo: «Levanta tu mano», no lo hagan, porque yo no dije: «Samuel** dice». Practique algunas veces para asegurarse de que los niños entiendan cómo jugar el juego.

Comience lentamente, pero luego vaya más rápido hasta que algunos de los niños cometan un error. Luego, comience de nuevo lentamente. Ejemplos: dar palmaditas en la cabeza, sonreír, saludar con la mano, mover los músculos, tocar los dedos de los pies, dar la vuelta, sentarse. Agregue más acciones y mézclelas.

Diga: **Aprendieron a escuchar mis órdenes, pero tenían que tomar decisiones rápidas. A veces era fácil. A veces no lo era. En el estudio de hoy, Saúl tuvo que tomar una decisión, pero no fue un juego.**

 ## ACTIVIDAD PARA NIÑOS MAYORES

Paciencia en acción

Esta actividad ayudará a los estudiantes a considerar la importancia de la paciencia.

Busque un proyecto grupal alrededor de la iglesia o su comunidad donde sus estudiantes sirvan a otros en un rol que requiera mucha paciencia. Por ejemplo, podrían ofrecerse como voluntarios en la guardería por una noche. Después de que terminen, discuta lo que les costó pacientes.

 ## ESGRIMA BÍBLICO

Consulte la sección «Preguntas de repaso» para las preguntas de práctica rojas y azules para esta lección.

LECCIÓN 8

PÁNICO EN EL CAMPAMENTO
1 SAMUEL 14:1-23

VERSÍCULO PARA MEMORIZAR

Para él no es difícil salvarnos, ya sea con muchos o con pocos.

1 Samuel 14:6

VERDADES SOBRE DIOS

*Esta lección enseñará las siguientes verdades sobre Dios. El asterisco * indica la verdad principal que debe enseñar a los niños.*

* Dios puede hacer cosas asombrosas cuando incluso algunas personas confían en él.
- Dios ayuda a los que confían en él.

ENFOQUE Y RESUMEN DE LA LECCIÓN

En este estudio, los niños aprenderán que Dios quiere que confiemos en Él en todas las circunstancias. A veces, realiza milagros para lograr sus propósitos.

1. Mientras Saúl y sus 600 hombres estaban sentados debajo de un árbol, Jonatán y su escudero se colaron en el puesto de avanzada de los filisteos.
2. Jonatán y su escudero mataron a 20 filisteos.
3. Dios envió pánico a todo el campamento filisteo.
4. Saúl quería preguntar al Señor antes de ir a la batalla, pero estaba tardando demasiado. Así que, por su cuenta, decidió luchar.

ANTECEDENTES BÍBLICOS

El campamento de batalla de los israelitas estaba cerca de Guibeá. Ahías, miembro de la familia de Elí, sirvió como sacerdote de Saúl, pero Dios rechazó a la familia de Elí. Entonces, Saúl comenzó a confiar en un sacerdote rechazado en lugar de confiar en Samuel. La decisión de Saúl de confiar en el consejo de Ahías mostró el declive de la relación de Saúl con Dios.

Saúl y su hijo Jonatán estaban en el campamento. Mientras Saúl descansaba, Jonatán y su escudero abandonaron en secreto el campamento para luchar contra los filisteos.

Jonatán era fiel a Dios. Jonatán creía que el Señor era poderoso, y confiaba que Dios les daría la victoria. Jonatán esperó una señal de Dios. Cuando recibió la señal, él y su escudero atacaron.

Estudios Bíblicos para Niños
www.KidzFirstPublications.org

1 y 2 de Samuel

Derrotaron a veinte soldados en un área de 2.000 metros cuadrados. Dios hizo que los filisteos entraran en pánico, y los filisteos comenzaron a enfrentarse entre sí. Dios les dio a los israelitas una victoria debido a la confianza y fidelidad de Jonatán y no por el liderazgo de Saúl.

¿SABÍAS QUE...?

Anteriormente en 1 Samuel, se nos dice que los filisteos obligaron a los israelitas a dejar de producir armas. Es posible que Jonatán y Saúl fueran los únicos con espadas. El resto de Israel tuvo que usar hondas o arcos.

VOCABULARIO

Palabras de fe
Un **milagro** es un evento asombroso que muestra el poder de Dios.

Personas
Un **escudero** es un sirviente que llevaba armas adicionales para su amo.

Ahías era uno de los parientes de Elí. Fue sacerdote durante el reinado de Saúl.

Lugares
Guibeá era la capital del reino de Saúl. También es el lugar de nacimiento de Saúl.

Cosas
Detener la mano significa dejar de buscar la voluntad del Señor. Saúl quería que Ahías encontrara la voluntad del Señor para la batalla. Cuando esto tomó demasiado tiempo, Saúl le dijo al sacerdote que detuviera su mano. Saúl no quería esperar la respuesta del Señor.

NARRACIÓN DE LA HISTORIA

Cada semana necesitará los siguientes objetos.

1. Algo para transportar cosas como una pequeña bolsa de viaje.
2. Un contenedor para almacenar los objetos de la historia de cada semana (puede ser una bolsa, un cesto o una caja).

Para la historia de hoy, también necesitará los siguientes objetos.

3. Una granada o un pedazo de fruta
4. Una señal

Antes de la clase

1. Lea 1 Samuel 14:1-23
2. Reúna los objetos de la historia de hoy. Sustituya los objetos no disponibles por una imagen.
3. Pase todos los objetos de la lección anterior de la bolsa de viaje al contenedor de almacenamiento. Coloque este contenedor al lado del área de narración de la historia.
4. Coloque los objetos de la historia de hoy dentro de la bolsa de viaje. Ponga la bolsa de viaje en el área de narración de la historia.

Sigue al líder

Dígales a los niños que se pongan en línea recta, uno detrás del otro. Elija a un niño para que sea el líder. Dígales a los niños que deben observar al líder e imitar todo lo que haga. El líder conducirá el grupo alrededor del aula. Debe utilizar diferentes gestos con las manos, sonidos o movimientos para que los niños los imiten. Por ejemplo, el líder puede caminar con pasos de bebé, pasos grandes o saltos. Termine el juego en el área de narración de historias.

Repaso opcional de la lección

Pida a un voluntario que seleccione un objeto del contenedor y que explique lo que representaba en la lección anterior.

Narración de la historia

Lea estas instrucciones antes de comenzar.

1. Concéntrese en los puntos principales mientras cuenta la historia con sus propias palabras. Saque un objeto de la bolsa para ilustrar cada punto. Si se siente cómodo, incluya más detalles. Si es necesario, puede utilizar el guion sugerido.
2. Mientras cuenta la historia, muestre cada objeto en orden. Coloque el objeto donde los niños puedan verlo.
3. Después de contar la historia, vuelva a colocar todos los objetos dentro de la bolsa.
4. Para repasar la historia, pida a un voluntario que saque un objeto de la bolsa y diga lo que representa. Repita este proceso con todos los objetos hasta que los niños puedan volver a contar la historia por completo.
5. Repase el "movimiento de memorización" que se describe a continuación. Haga este movimiento cada vez que mencione lo que representa.

Puntos principales en orden

Diga: **Hoy continuamos explorando el libro de 1 Samuel. Cada semana empaco nuestra bolsa de viaje con las herramientas que necesitamos para nuestro viaje. Hoy comenzamos con...** Desempaque los objetos mientras cuenta la historia.

1. Sostenga la granada o el trozo de fruta. Diga: **Saúl estaba sentado debajo de un granado en Migrón con 600 hombres. Los líderes israelitas a menudo juzgaban bajo los árboles.**
2. Una señal. Diga: **Jonatán y escudero decidieron ir al campamento filisteo. Entonces esperaron una señal del Señor. La señal fue dada cuando los filisteos les dijeron que subieran a pelear. Jonatán y su escudero escalaron los peñascos y terminaron matando a 20 filisteos.**
3. Golpee sus manos sobre una mesa y con sus pies en el suelo. Diga: **Dios envió pánico a todo el campamento filisteo. La tierra tembló. Saúl se enteró del pánico y entró en acción. Saúl hizo que le trajeran el arca de Dios. Quería buscar la voluntad de Dios antes de entrar en batalla. Pero cuando Saúl vio que la batalla aumentaba, hizo que el sacerdote dejara de buscar al Señor en una parte importante del proceso. A pesar del pecado de Saúl, el Señor rescató a Israel.**
4. Movimiento de memorización — estudiantes corriendo en círculos. Diga: **Dios hizo que los filisteos se confundieran y entraran en pánico.**

Diga: **Ahora es su turno de contar la historia.** Devuelva los objetos a la bolsa. Invite a los niños a turnarse. Elija un voluntario para tomar un objeto de la bolsa sin mirar y que luego explique lo que significa/representa. O puede elegir repasar uno de los movimientos de memorización y explicar lo que representa. Después de que los niños retiren

Estudios Bíblicos para Niños
www.KidzFirstPublications.org

todos los objetos y los expliquen, pídale a un voluntario que los coloque en el orden correcto de la historia.

LECCIÓN BÍBLICA

Consejos para el maestro

Cuando lea el estudio bíblico enfatice estas ideas.

- Recuérdeles a los niños sobre la impaciencia de Saúl en 1 Samuel 13:1-14. Ayúdelos a comprender que la actitud de Saúl hacia Dios estaba equivocada. La mala relación de Saúl con Dios le hizo cometer muchos errores.
- Ayude a los niños a identificar formas de tener una buena relación con Dios para que tomen mejores decisiones.

Lea las Escrituras

Diga: **Dios puede hacer grandes milagros cuando incluso unas pocas personas confían en Él.**

Lea 1 Samuel 14:1-23 en voz alta. Puede optar por utilizar los objetos y los movimientos para enfatizar los puntos principales.

Preguntas de discusión

Discuta la historia y haga las siguientes preguntas a los niños. Recuerde que puede no haber una respuesta correcta o incorrecta.

1. **El escudero de Jonatán fue con él a pelear contra los filisteos. ¿Cómo creen que se sintió el escudero acerca de su situación?**
2. **¿Por qué Jonatán no le dijo a su padre que iba a luchar contra los filisteos?**
3. **El Señor rechazó a todos los sacerdotes relacionados con Elí. Sin embargo, Saúl eligió a Ahías, un pariente de Elí, para que fuera su sacerdote. ¿Creen que fue una sabia elección? ¿Por qué sí, o por qué no?**
4. **¿Qué hizo Saúl que estuvo mal? ¿Qué otras opciones tenía Saúl?**

Reflexión final

Esta es la reflexión que quiere que los niños recuerden.

Diga: **Cuando aprendemos acerca de los milagros de Dios, entendemos más acerca de Él. Jonatán y su escudero derrotaron a veinte filisteos. Dios hizo que los otros filisteos en el campamento entraran en pánico. Estos fueron milagros. ¿Qué le dicen sobre Dios? ¿Creen que los milagros ocurren sólo en las historias bíblicas? ¿Ocurren milagros hoy? ¿Conocen a alguien que haya experimentado un milagro? ¿Han experimentado un milagro en su vida? Continúen confiando en Dios y crean que Él todavía hace milagros.**

PRÁCTICA DEL VERSÍCULO PARA MEMORIZAR

Para él no es difícil salvarnos, ya sea con muchos o con pocos. 1 Samuel 14:6

Vea las «actividades del versículo para memorizar» para sugerencias que ayuden a los niños a aprender el versículo para memorizar.

ACTIVIDADES ADICIONALES

Las siguientes son actividades opcionales que puede utilizar para ayudar a los niños a comprender mejor la lección de hoy.

1. Ayude a la clase a hacer la historia bíblica como una obra corta. Asigne roles para el rey Saúl, Jonatán, el escudero, los filisteos en el puesto de avanzada. Use un narrador, pero haga que los niños agreguen su propio diálogo. Presente la obra para los padres y otros adultos.

2. Pregúntele a su clase qué es lo más heroico que han visto. Pregunte si alguna vez han hecho algo heroico. Permítales discutir o incluso escribir sus respuestas. Pídales que piensen en esta declaración: Dios puede hacer grandes milagros cuando incluso pocas personas confían en Él.

3. Jonatán y su escudero superaron muchos obstáculos. Pida a sus estudiantes que cuenten una historia de alguien que conozcan que haya tenido que superar obstáculos. Tal vez sea una historia real de alguien que conocen personalmente o alguien sobre quien hayan leído. Pregúnteles cómo vieron la ayuda de Dios en la historia.

Juego: Una situación de cuerdas

Prepare lo siguiente antes de la lección. Usted necesitará:

- un trozo de cuerda (50 a 100 cm)
- si es posible, un pedazo de cuerda para cada niño

Antes de que lleguen los niños, practique la solución para este rompecabezas de cuerdas. Encontrará la solución al final de la actividad.

Para comenzar, dele a un niño un pedazo de cuerda. Pídale al niño que haga un nudo en la cuerda. Para hacer el nudo, el niño hará un bucle con la cuerda, tomará un extremo sobre y a través del bucle, y tirará de los dos extremos para hacer un nudo suelto.

Entonces diga: **Ahora, hagámoslo más difícil. ¿Pueden atar un nudo mientras sostienen ambos extremos de la cuerda sin soltarla?** Haga que el niño intente hacer un nudo mientras sostiene ambos extremos de la cuerda al mismo tiempo. El niño no debe soltar ninguno de los extremos. Después de un corto tiempo, deje que otro niño intente hacer un nudo mientras sostiene ambos extremos. Si hay suficiente cuerda, permita que todos los niños lo intenten al mismo tiempo. Si un niño logra hacer el nudo, pídale que espere a los otros niños.

Después de unos minutos, demuestre la solución para el rompecabezas de cuerdas. Primero, cruce los brazos hacia el pecho, con una mano hacia arriba a través del segundo brazo y la segunda mano hacia abajo a través del primer brazo. Sostenga un extremo de la cuerda en cada mano. (Alguien puede ayudarlo a agarrar el extremo de la cuerda con los brazos cruzados). Luego, separe los brazos mientras sostiene la cuerda. Cuando descruce los brazos, hará un nudo en la cuerda.

Diga: **Muchas veces experimentamos situaciones difíciles y no sabemos cómo resolverlas. Pero Dios es capaz de hacer milagros cuando las circunstancias nos parecen imposibles.**

ACTIVIDAD PARA NIÑOS MAYORES

Incorrecto no correcto

Escriba las siguientes preguntas en la pizarra: No subraye las palabras (indican errores). Jonatán se sentó debajo de una casa. Doscientos hombres estaban con él. Saúl y su esposa decidieron escalar una pared y luchar contra los egipcios. Cuando David y los suyos llegaron, sus amigos estaban confundidos. El ángel rescató a los filisteos ese día.

Diga: **Hay muchas cosas incorrectas en esta historia. ¿Pueden ayudarme a corregirlas?** Pida a un estudiante a la vez que detecte un error y lo corrija dibujando una línea a sobre la palabra y escribiendo la corrección encima.

 # ESGRIMA BÍBLICO

Consulte la sección «Preguntas de repaso» para las preguntas de práctica rojas y azules para esta lección.

LECCIÓN 9

UN REY BUENO QUE SE VOLVIÓ MALO
1 SAMUEL 15:1-35

VERSÍCULO PARA MEMORIZAR

Samuel respondió: ¿Qué le agrada más al Señor: que se le ofrezcan holocaustos y sacrificios, o que se obedezca lo que él dice? El obedecer vale más que el sacrificio, y el prestar atención, más que la grasa de carneros.

1 Samuel 15:22

VERDADES SOBRE DIOS

Esta lección enseñará las siguientes verdades sobre Dios. El asterisco * indica la verdad principal que debe enseñar a los niños.

* Dios requiere que las personas le obedezcan.
* Dios castiga a aquellos que continúan desobedeciéndole.

ENFOQUE Y RESUMEN DE LA LECCIÓN

En este estudio, los niños destacarán la importancia de obedecer a Dios.

1. Samuel le dijo a Saúl que destruyera a los amalecitas y todo su ganado.
2. Saúl y sus hombres mataron a todos los amalecitas y su ganado, excepto el rey Agag y el mejor ganado y ovejas.
3. Samuel confrontó a Saúl sobre su pecado. Saúl finalmente confesó su desobediencia.
4. Samuel le dijo a Saúl que Dios entregaría el reino a otra persona. El Señor estaba triste de haber hecho rey a Saúl.

 ## ANTECEDENTES BÍBLICOS

Samuel le dio a Saúl un mensaje del Señor. Dios le dijo a Saúl que destruyera a los amalecitas y todas sus posesiones porque se oponían a Dios. Los amalecitas eran una nación corrupta, y amenazaron con destruir a los israelitas.

Los quenitas, o ceneos, eran personas que vivían entre los amalecitas. Los quenitas habían tratado bien a los israelitas. Saúl les advirtió que se alejaran de los amalecitas.

Cuando Saúl atacó a los amalecitas, no obedeció el mandamiento de Dios. Saúl no destruyó todas las posesiones de los amalecitas, y no mató a todos los seres vivos. En lugar de depender de la ayuda de Dios, Saúl tomó su propia decisión sobre cómo tratar a los amalecitas.

Debido a la desobediencia de Saúl, Dios rechazó a Saúl como el rey de los israelitas. Tanto Samuel como el Señor estaban tristes por las acciones de Saúl. Dios lamentó haber elegido a Saúl para ser el rey de los israelitas.

¿SABÍAS QUE...?

Parece duro, pero Dios quería que todos los amalecitas fueran destruidos porque eran una amenaza para la religión de Israel.

VOCABULARIO

Personas

Los **amalecitas** eran descendientes del nieto de Esaú, Amalec. Los amalecitas atacaron a los israelitas mientras viajaban por el desierto después de salir de Egipto.

Los **quenitas** eran una tribu de personas que mostraron bondad a los israelitas cuando se salieron de Egipto.

Agag era el rey de los amalecitas.

Lugares

Telayin fue el lugar donde Saúl reunió a sus hombres antes de atacar a los amalecitas.

Guilgal era una ciudad al oeste del río Jordán y al norte del Mar Muerto. Samuel mató al rey Agag allá.

Cosas

El saqueo son objetos robados o tomados por la fuerza en tiempos de guerra.

Acechar es atacar a alguien por sorpresa.

NARRACIÓN DE LA HISTORIA

Cada semana necesitará los siguientes objetos.

1. Algo para transportar cosas como una pequeña bolsa de viaje.
2. Un contenedor para almacenar los objetos de la historia de cada semana (puede ser una bolsa, un cesto o una caja).

Para la historia de hoy, también necesitará los siguientes objetos.

3. Algunos animales de plástico o de peluche
4. Instrucciones de un juego de mesa o algo que necesite armarse.

Antes de la clase

1. Lea 1 Samuel 15:1-35
2. Reúna los objetos de la historia de hoy. Sustituya los objetos no disponibles por una imagen.
3. Pase todos los objetos de la lección anterior de la bolsa de viaje al contenedor de almacenamiento. Coloque este contenedor al lado del área de narración de la historia.
4. Coloque los objetos de la historia de hoy dentro de la bolsa de viaje. Ponga la bolsa de viaje en el área de narración de la historia.

Sigue al líder

Dígales a los niños que se pongan en línea recta, uno detrás del otro. Elija a un niño para que sea el líder. Dígales a los niños que deben observar al líder e imitar todo lo que haga. El líder conducirá el grupo alrededor del aula. Debe utilizar diferentes gestos con las manos, sonidos o movimientos para que los niños los imiten. Por ejemplo, el líder puede caminar con pasos de bebé, pasos grandes o saltos. Termine el juego en el área de narración de la historia.

Repaso opcional de la lección

Pida a un voluntario que seleccione un objeto del contenedor y que explique lo que representaba en la lección anterior.

Narración de la historia

Lea estas instrucciones antes de comenzar.

1. Concéntrese en los puntos principales mientras cuenta la historia con sus propias palabras. Saque un objeto de la bolsa para ilustrar cada punto. Si se siente cómodo, incluya más detalles. Si es necesario, puede utilizar el guion sugerido.
2. Mientras cuenta la historia, muestre cada objeto en orden. Coloque el objeto donde los niños puedan verlo.
3. Después de contar la historia, vuelva a colocar todos los objetos dentro de la bolsa.
4. Para repasar la historia, pida a un voluntario que saque un objeto de la bolsa y diga lo que representa. Repita este proceso con todos los objetos hasta que los niños puedan volver a contar la historia por completo.
5. Repase el "movimiento de memorización" que se describe a continuación. Haga este movimiento cada vez que mencione lo que representa.

Puntos principales en orden

Diga: **Hoy continuamos explorando el libro de 1 Samuel. Cada semana empaco nuestra bolsa de viaje con las herramientas que necesitamos para nuestro viaje. Hoy comenzamos con...** Desempaque los objetos mientras cuenta la historia.

1. Sostenga a los animales. Diga: **Samuel le dio un mensaje a Saúl de parte del Señor. Saúl y sus hombres debían destruir completamente a los amalecitas. Esto incluía a todos los hombres, mujeres, niños y ganado. Saúl y sus hombres atacaron a Amalec. Capturó a Agag, rey de los amalecitas, y lo mantuvo con vida. Saúl y su ejército también salvaron algunas de las mejores ovejas y ganado. Mataron todo lo demás.**

2. El par de tijeras. Diga: **Josué, los sacerdotes, y los jefes de las tribus dividieron la tierra. Ellos siguieron las instrucciones que Dios le dio a Moisés. Las tribus que quedaron recibieron su herencia. Antes de que los israelitas cruzaran el río, Josué había dividido la tierra al este del Jordán.**

3. Las instrucciones. Diga: **Samuel se reunió con Saúl y le preguntó por qué no seguía las instrucciones del Señor. Saúl trató de culpar a sus soldados por el pecado. Incluso puso como excusa querer guardar los animales para que pudieran ser sacrificados al Señor. Samuel le dijo a Saúl que obedecer al Señor es mejor que un sacrificio. Sacrificar debe venir con obediencia y honestidad.**

4. Extienda la mano derecha como si estuviera rechazando a alguien o reteniéndolo. Diga: **Samuel le dijo a Saúl que Dios lo había rechazado como rey de Israel. Dios le daría el reinado a uno de sus vecinos. Después de que Saúl y Samuel adoraron al Señor, Samuel se fue. Nunca volvió a ver a Saúl.**

Estudios Bíblicos para Niños
www.KidzFirstPublications.org

1 y 2 de Samuel

5. Movimiento de memorización — Fruncido — Haga que los niños frunzan el ceño. Diga: **El Señor estaba triste porque había hecho rey a Saúl.**

Diga: **Ahora es su turno de contar la historia.** Devuelva los objetos a la bolsa. Invite a los niños a turnarse. Elija un voluntario para tomar un objeto de la bolsa sin mirar y que luego explique lo que significa/representa. O puede elegir repasar uno de los movimientos de memorización y explicar lo que representa. Después de que los niños retiren todos los objetos y los expliquen, pídale a un voluntario que los coloque en el orden correcto de la historia.

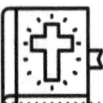 LECCIÓN BÍBLICA

Consejos para el maestro

Cuando lea el estudio bíblico enfatice estas ideas.

- Dé algo de tiempo para que los niños expliquen sus sentimientos sobre Saúl. Es posible que los niños piensen que Dios castigó duramente a Saúl por algunos pecados. Sin embargo, Dios castigó a Saúl porque su actitud no mostraba reverencia y honor por Dios, y Saúl tenía una historia de desobediencia a Dios.

Lea las Escrituras

Diga: **En las escrituras de hoy, estamos encontrando que Dios nos hace responsables de nuestras acciones. Él quiere nuestra obediencia más de lo que quiere nuestro sacrificio.**

Lea 1 Samuel 15:1-35 en voz alta. Puede optar por utilizar los objetos y los movimientos para enfatizar los puntos principales.

Preguntas de discusión

Discuta la historia y haga las siguientes preguntas a los niños. Recuerde que puede no haber una respuesta correcta o incorrecta.

1. Diga: **los amalecitas atacaron a los israelitas cuando salieron de Egipto. ¿Cómo creen que se sintieron los amalecitas cuando Dios los castigó por algo que hicieron sus antepasados?**
2. **¿Creen que Saúl hizo lo correcto cuando perdonó a los quenitas? ¿Por qué sí, o por qué no?**
3. **En 1 Samuel 15:12, Saúl erigió un monumento en su honor. ¿Qué dice esto sobre la actitud y el carácter de Saúl? ¿Qué dice esto acerca de su actitud hacia Dios?**
4. **¿Qué excusas dio Saúl cuando perdonó al rey Agag y a parte de su mejor ganado? ¿Qué podrían hacer en la misma situación?**
5. **¿Cómo se sintió Dios acerca de su elección de hacer a Saúl el rey? ¿Por qué se sintió así? ¿Creen que Dios tenía razón en estar triste?**

Reflexión final

Esta es la reflexión que quiere que los niños recuerden.

Diga: **Hoy aprendimos que Saúl desobedeció a Dios. Saúl decidió que podía tomar su propia decisión sobre cómo librar la batalla contra los amalecitas. Saúl no completó la misión de la manera que Dios ordenó. Castigó a Saúl porque lo desobedeció. Dios nos hace responsables de nuestras acciones. Sólo Dios sabe lo que es mejor para nosotros. Debemos confiar en Dios y obedecerle.**

 PRÁCTICA DEL VERSÍCULO PARA MEMORIZAR

Samuel respondió: ¿Qué le agrada más al Señor: que se le ofrezcan holocaustos y sacrificios, o que se obedezca lo que él dice? El obedecer vale más que el sacrificio, y el prestar atención, más que la grasa de carneros. 1 Samuel 15:22

Vea las «actividades del versículo para memorizar» para sugerencias que ayuden a los niños a aprender el versículo para memorizar.

ACTIVIDADES ADICIONALES

Las siguientes son actividades opcionales que puede utilizar para ayudar a los niños a comprender mejor la lección de hoy.

1. Reproduzca una versión inversa de "Samuel dice" (de la Lección 7). Diga: **Todos sabemos que ustedes deben obedecer a su maestro, pero para este juego van a tener la oportunidad de desobedecer. Vamos a jugar a «Saúl dice». Esto es diferente de «Samuel dice». Si yo digo "Saúl dice", ustedes NO hacen lo que yo digo. Si yo no digo "Saúl dice", ustedes deben hacer lo que yo diga.**

Juego – Zapatos y pasos

Prepare lo siguiente antes de la lección. Usted necesitará:

- Un par de zapatos con cuerdas o cordones

Diga: **Hoy aprenderemos acerca de lo importante que es seguir cuidadosamente las instrucciones. Necesito su ayuda para aprender a atar mis zapatos.**

Pida a un voluntario que le instruya sobre cómo atar los cordones de los zapatos. Siga las instrucciones literalmente y no permita que el niño se salte un paso. Asegúrese de que el niño incluya pasos implícitos en sus instrucciones. Por ejemplo, el niño puede olvidarse de incluir cosas como: agacharse para alcanzar los zapatos; agarrar un cordón con una mano; pararse de nuevo en posición vertical. Cuando las instrucciones no sean claras, intente seguir las instrucciones de una manera alternativa. Por ejemplo, si el niño le pide que agarre un cordón del zapato con la mano, agarre el cordón del zapato en la dirección opuesta a esa mano, de modo que cruce los brazos. Permita que el niño revise sus instrucciones y agregue otras.

Esta actividad será divertida y desafiante. Permita que otros niños ayuden al niño que le da las instrucciones.

Cuando termine de atarse los zapatos, diga: **seguí completamente tus instrucciones. ¿Cómo creen que habría terminado la historia si Saúl hubiera seguido completamente las instrucciones?**

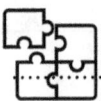# ACTIVIDAD PARA NIÑOS MAYORES

Cuál es tu historia

Diga: **Esta es su oportunidad de ver quién es el mejor para contar una historia.**

Pida un voluntario para comenzar, luego diga: **Imaginen que olvidaron hacer una tarea en casa y quieren evitar ser castigados. ¿Cuál es la excusa más loca que pueden inventar?**

Pida otro voluntario y diga: **creo que pueden hacerlo mejor. ¿Cuál es una excusa todavía más loca que esa?**

Pida que la clase vote sobre la excusa más loca.

Diga: **A veces, las excusas son sólo mentiras. Otras veces, pueden ser verdaderas, pero son sólo intentos de encubrir algo que hicimos o dejamos de hacer. Dios quiere que seamos honestos, que aprendamos de nuestros errores, y que no culpemos a los demás. Debemos admitir nuestros errores y pedirle a Dios y a los demás que nos perdonen.**

# ESGRIMA BÍBLICO

Consulte la sección «Preguntas de repaso» para las preguntas de práctica rojas y azules para esta lección.

LECCIÓN 10

EL MUCHACHO DE BELÉN
1 SAMUEL 16:1-23

VERSÍCULO PARA MEMORIZAR

La gente se fija en las apariencias, pero yo me fijo en el corazón.

1 Samuel 16:7

VERDADES SOBRE DIOS

Esta lección enseñará las siguientes verdades sobre Dios. El asterisco * indica la verdad principal que debe enseñar a los niños.

* Dios conoce nuestros pensamientos y actitudes.
- Dios sabe cómo somos realmente, no solo cómo parecemos en el exterior. Él sabe lo que somos capaces de hacer.

ENFOQUE Y RESUMEN DE LA LECCIÓN

En este estudio, los niños aprenderán que la apariencia de una persona no es tan importante como la actitud de una persona hacia Dios.

1. Dios envió a Samuel a Belén para elegir a uno de los hijos de Isaí como el próximo rey.
2. Samuel pensó que Dios elegiría a Eliab como el próximo rey, pero eligió a David en su lugar. Samuel ungió a David.
3. Porque el Espíritu del Señor se había apartado de Saúl, él fue atormentado por un espíritu maligno.
4. David tocaba el arpa para Saúl, y el espíritu se apartaba de Saúl.

 ## ANTECEDENTES BÍBLICOS

Dios rechazó a Saúl como rey, y Samuel lloró. Sin embargo, había un límite para el luto. Era apropiado llorar por un tiempo, pero no hasta el punto de negarse a aceptar el justo juicio de Dios. Samuel tuvo que dejar a un lado su tristeza y volver al trabajo. Dios lo envió en una doble misión: ofrecer un sacrificio y ungir al próximo rey.

Cuando Samuel vio a los hijos de Isaí, asumió que Eliab era el elegido de Dios debido a su apariencia. Sin embargo, Dios vio el corazón de Eliab y supo que no era apto para la realeza. Samuel siguió la dirección del Señor y ungió a David en su lugar. Aunque David también era guapo, lo importante era su corazón para Dios. El Señor le enseñó a Samuel que a veces lo que se ve bien en la superficie no es necesariamente correcto. El Señor dejó en claro que el juicio piadoso mira al corazón (véase también Juan 7:24).

Después de esto, Saúl fue atormentado por un espíritu «maligno» del Señor. Era «maligno» en el sentido de que lastimaba a Saúl y causaba consecuencias negativas. En pocas palabras, el Espíritu del Señor ya no estaba con Saúl, y Saúl sintió los horribles efectos de la ausencia y el desagrado de Dios. Descubrió que estar cerca de David y escuchar la música de David lo hacía sentir mejor. Tal vez Saúl podía sentir en David la presencia consoladora de Dios que solía tener.

¿SABÍAS QUE...?

El nombre de David significa «amado por Dios».

VOCABULARIO

Personas

Isaí era el padre del rey David. También era el nieto de Rut.

Lugares

Belén era una ciudad a unos ocho kilómetros de Jerusalén. Esta era la ciudad natal de David y el lugar donde Samuel lo ungió como el próximo rey.

Cosas

Una **ternera** es una vaca hembra joven.

Ungir es poner aceite en la cabeza de alguien como una bendición y mostrar el favor de Dios.

Un **cuerno de aceite** es un cuerno de un animal que el sacerdote llenó con aceite. El aceite era probablemente aceite de oliva.

NARRACIÓN DE LA HISTORIA

Cada semana necesitará los siguientes objetos.

1. Algo para transportar cosas como una pequeña bolsa de viaje.
2. Un contenedor para almacenar los objetos de la historia de cada semana (puede ser una bolsa, un cesto o una caja).

Para la historia de hoy, también necesitará los siguientes objetos.

3. Un mapa con Belén
4. Aceite
5. Un instrumento musical

Antes de la clase

1. Lea 1 Samuel 14:1-23
2. Reúna los objetos de la historia de hoy. Sustituya los objetos no disponibles por una imagen.
3. Pase todos los objetos de la lección anterior de la bolsa de viaje al contenedor de almacenamiento. Coloque este contenedor al lado del área de narración de la historia.

4. Coloque los objetos de la historia de hoy dentro de la bolsa de viaje. Ponga la bolsa de viaje en el área de narración de la historia.

Sigue al líder

Dígales a los niños que se pongan en línea recta, uno detrás del otro. Elija a un niño para que sea el líder. Dígales a los niños que deben observar al líder e imitar todo lo que haga. El líder conducirá el grupo alrededor del aula. Debe utilizar diferentes gestos con las manos, sonidos o movimientos para que los niños los imiten. Por ejemplo, el líder puede caminar con pasos de bebé, pasos grandes o saltos. Termine el juego en el área de narración de la historia.

Repaso opcional de la lección

Pida a un voluntario que seleccione un objeto del contenedor y que explique lo que representaba en la lección anterior.

Narración de la historia

Lea estas instrucciones antes de comenzar.

1. Concéntrese en los puntos principales mientras cuenta la historia con sus propias palabras. Saque un objeto de la bolsa para ilustrar cada punto. Si se siente cómodo, incluya más detalles. Si es necesario, puede utilizar el guion sugerido.

2. Mientras cuenta la historia, muestre cada objeto en orden. Coloque el objeto donde los niños puedan verlo.

3. Después de contar la historia, vuelva a colocar todos los objetos dentro de la bolsa.

4. Para repasar la historia, pida a un voluntario que saque un objeto de la bolsa y diga lo que representa. Repita este proceso con todos los objetos hasta que los niños puedan volver a contar la historia por completo.

5. Repase el "movimiento de memorización" que se describe a continuación. Haga este movimiento cada vez que mencione lo que representa.

Puntos principales en orden

Diga: **Hoy continuamos explorando el libro de 1 Samuel. Cada semana empaco nuestra bolsa de viaje con las herramientas que necesitamos para nuestro viaje. Hoy comenzamos con...** Desempaque los objetos mientras cuenta la historia.

1. Un mapa. Diga: **el Señor le dijo a Samuel que dejara de llorar porque Dios había rechazado a Saúl como rey. Samuel debía ir a Belén e invitar a Isaí y sus hijos a un sacrificio, para ungir al próximo rey.**

2. Aceite. Diga: **Samuel vio a Eliab y pensó que él era el elegido para ser rey. Sin embargo, el Señor le dijo a Samuel que no mirara esta apariencia externa, porque el Señor mira el corazón. Siete de los hijos de Isaí pasaron delante de Samuel, pero ninguno fue elegido. Luego llevaron ante Samuel a David, el hijo menor de Isaí. «Él es el elegido», dijo el Señor. Él le dijo a Samuel que ungiera a David con aceite, y Samuel lo hizo.**

3. Un instrumento musical. Diga: **El Espíritu del Señor se apartó de Saúl y fue atormentado por un espíritu maligno. Uno de los siervos de Saúl sugirió llevar a David a tocar el arpa cada vez que el espíritu maligno viniera sobre Saúl. David lo hizo y Saúl se sintió mejor. Saúl le pidió a David que se quedara con él. Nombró a David como su escudero.**

4. Movimiento de memorización — Señale hacia arriba – Pida a los estudiantes que señalen hacia arriba con los dedos índice. Diga: **Dios eligió a David para ser el próximo rey.**

Diga: **Ahora es su turno de contar la historia.** Devuelva los objetos a la bolsa. Invite a los niños a

Estudios Bíblicos para Niños
www.KidzFirstPublications.org

1 y 2 de Samuel

turnarse. Elija un voluntario para tomar un objeto de la bolsa sin mirar y que luego explique lo que significa/representa. O puede elegir repasar uno de los movimientos de memorización y explicar lo que representa. Después de que los niños retiren todos los objetos y los expliquen, pídale a un voluntario que los coloque en el orden correcto de la historia.

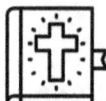

LECCIÓN BÍBLICA

Consejos para el maestro

Al dirigir el estudio de la Biblia, considere estas ideas.

- Explique que el espíritu maligno que recibió Saúl fue el resultado de la ausencia de la presencia de Dios. Debido a las malas decisiones de Saúl la presencia de Dios lo abandonó. Lo que Saúl sintió fueron los terribles efectos de la separación de Dios.

Lea las Escrituras

Diga: **Dios sabe quiénes somos realmente por dentro. Él los conoce mejor que nadie. Algunas personas piensan que solamente importan las acciones externas, pero Dios se preocupa por su corazón también.**

Lea 1 Samuel 14:1-23 en voz alta. Puede optar por utilizar los objetos y los movimientos para enfatizar los puntos principales.

Preguntas de discusión

Discuta la historia y haga las siguientes preguntas a los niños. Recuerde que puede no haber una respuesta correcta o incorrecta.

1. ¿Por qué era importante que Samuel escuchara a Dios cuando eligiera al próximo rey? ¿En qué se diferenciaban los estándares de Samuel para un rey de los estándares de Dios?

2. Samuel miró a siete de los hijos de Isaí antes de ungir a David. ¿Cómo creen que se sintieron los hijos mayores con la selección de su hermano menor?

3. ¿Cómo creen que se sintió Saúl cuando supo que el Espíritu del Señor se había alejado de él? ¿Cuál fue la única cosa que lo consoló? ¿Por qué?

Reflexión final

Esta es la reflexión que quiere que los niños recuerden.

Diga: **Dios sabe si somos fieles a Él. Dios conoce nuestros pensamientos, nuestros sentimientos, nuestros deseos, nuestro carácter y las decisiones que tomamos. Algunas personas piensan que solo las acciones que ves con tus ojos son importantes. Dios nos enseña que Él sabe si le somos fieles. ¿Han elegido ser fieles a Dios?**

PRÁCTICA DEL VERSÍCULO PARA MEMORIZAR

La gente se fija en las apariencias, pero yo me fijo en el corazón. 1 Samuel 16:7

Vea las «actividades del versículo para memorizar» para sugerencias que ayuden a los niños a aprender el versículo para memorizar.

ACTIVIDADES ADICIONALES

Las siguientes son actividades opcionales que puede utilizar para ayudar a los niños a comprender mejor la lección de hoy.

1. Use libros de referencia bíblicos o el internet para investigar los significados de estos nombres Samuel, Saúl y David. Diga: **¿Son los significados de los nombres apropiados para las personas que estudiaron en 1 Samuel?**

2. ¿Por qué es sorprendente e irónico que Saúl invitara a David a su palacio en 1 Samuel 16? ¿Qué no sabía Saúl acerca de David en ese momento?

3. Antes de la clase, escriba las letras en la palabra «UNGIR» en hojas de papel separadas. No les diga la palabra a los niños, y esconda las letras alrededor del aula. Haga que los estudiantes busquen las letras y traten de juntarlas para formar la palabra. Una vez que terminen, guíelos en una discusión de lo que significa «ungir».

Juego: Qué hay dentro

Prepare lo siguiente antes de la lección. Usted necesitará:

- Una manta

Antes de la clase, envuelva a un voluntario en la manta. Elija a alguien a quien los niños no reconozcan inmediatamente. Haga que los niños adivinen quién es la persona. Luego desenvuelva al voluntario y revele quién es.

Diga: **con una manta envuelta alrededor de él (o ella), esta persona se veía diferente. Sin embargo, ¿cambió la manta quién era la persona? Hoy, en nuestro estudio, aprendimos que la apariencia externa de una persona no siempre nos dice acerca de sus actitudes y pensamientos internos. Saúl era alto y guapo, por lo que las personas pensaron que sería un gran rey. Pero tenía problemas por dentro. Muchas veces desobedeció los mandamientos de Dios o eligió no confiar en él. Dios reconoció la actitud de un siervo verdadero en alguien que no parecía un rey.**

ACTIVIDAD PARA NIÑOS MAYORES

Qué hay dentro, segunda parte

Repita la actividad anterior, pero en lugar de envolver a una persona en la manta intente algunas variaciones: envuelva un juguete, un animal de peluche, un refrigerio.

 **ESGRIMA BÍBLICO**

Consulte la sección «Preguntas de repaso» para las preguntas de práctica rojas y azules para esta lección.

LECCIÓN 11

UNA HONDA, UNA PIEDRA Y UNA ESPADA
1 SAMUEL 17:1-51

VERSÍCULO PARA MEMORIZAR

Que nadie te menosprecie por ser joven. Al contrario, que los creyentes vean en ti un ejemplo a seguir en la manera de hablar, en la conducta, y en amor, fe y pureza. 1 Timoteo 4:12

VERDADES SOBRE DIOS

*Esta lección enseñará las siguientes verdades sobre Dios. El asterisco * indica la verdad principal que debe enseñar a los niños.*

* Dios usa a Su pueblo fiel para lograr tareas imposibles.
• Dios quiere que pongamos nuestra confianza en su fuerza.

ENFOQUE Y RESUMEN DE LA LECCIÓN

En este estudio, los niños aprenderán que Dios es poderoso. Cuando confiamos en Dios y tenemos fe en él, podemos lograr cosas que parecen imposibles.

1. Goliat, un gigantesco soldado filisteo, desafió a los israelitas.
2. David visitó a sus hermanos en el campo de batalla, y oyó a Goliat que se burlaba de los israelitas.
3. David decidió luchar contra Goliat con la fuerza del Señor.
4. Dios ayudó a David a matar a Goliat con una pequeña piedra y una honda.

 ## ANTECEDENTES BÍBLICOS

El ejército de los israelitas y el ejército de los filisteos estaban en las colinas opuestas. Había un valle entre ellos. Ambos tenían buenas posiciones desde un punto de vista militar. Era un punto muerto.

Para resolver el problema, Goliat, un filisteo fuerte y muy alto, desafió al ejército israelita. Pidió a los israelitas que enviaran un soldado israelita para pelear con él. El ganador de este desafío reclamaría una victoria para todo el ejército. Los perdedores abandonarían su posición. Saúl y los israelitas tenían miedo de Goliat porque carecían de la presencia de Dios y Su apoyo.

David no era un soldado entrenado. Era joven y trabajaba como pastor, mensajero y escudero. Sin embargo, David era leal, y poseía una fuerte fe en Dios. Era muy valiente.

David convenció a Saúl para que lo enviara a luchar contra Goliat, y David lo derrotó. La victoria de David sobre Goliat confirmó que la presencia de Dios estaba con David.

 ¿SABÍAS QUE...?

Las hondas fueron creadas por los pastores para proteger su rebaño contra los animales salvajes. Eran baratas de hacer, y la munición era una piedra común. Sin embargo, era muy difícil golpear un objetivo, por lo que se necesitaba entrenamiento para que una persona la usara.

VOCABULARIO

Palabras de fe

La **fe** es una confianza en Dios que lleva a las personas a creer lo que dice, a depender de Él y a obedecerle.

Cosas

Una **jabalina** es un arma similar a una lanza.

Una **túnica** es una pieza larga de tela doblada por la mitad con agujeros para los brazos y la cabeza.

Una **honda** son dos tiras estrechas de cuero unidas en el medio por una pieza más ancha de cuero. Se usaba para lanzar piedras.

NARRACIÓN DE LA HISTORIA

Cada semana necesitará los siguientes objetos.

1. Algo para transportar cosas como una pequeña bolsa de viaje.
2. Un contenedor para almacenar los objetos de la historia de cada semana (puede ser una bolsa, un cesto o una caja).

Para la historia de hoy, también necesitará los siguientes objetos.

3. Un pedazo de papel o un pedazo de hilo 3 metros de largo.
4. Una camisa, chaleco o delantal de gran tamaño
5. Una honda y una piedra

Antes de la clase

1. Lea 1 Samuel 17:1-51

2. Reúna los objetos de la historia de hoy. Sustituya los objetos no disponibles por una imagen.
3. Pase todos los objetos de la lección anterior de la bolsa de viaje al contenedor de almacenamiento. Coloque este contenedor al lado del área de narración de la historia.
4. Coloque los objetos de la historia de hoy dentro de la bolsa de viaje. Ponga la bolsa de viaje en el área de narración de la historia.

Sigue al líder

Dígales a los niños que se pongan en línea recta, uno detrás del otro. Elija a un niño para que sea el líder. Dígales a los niños que deben observar al líder e imitar todo lo que haga. El líder conducirá el grupo alrededor del aula. Debe utilizar diferentes gestos con las manos, sonidos o movimientos para que los niños los imiten. Por ejemplo, el líder puede caminar con pasos de bebé, pasos grandes o saltos. Termine el juego en el área de narración de la historia.

Repaso opcional de la lección

Pida a un voluntario que seleccione un objeto del contenedor y que explique lo que representaba en la lección anterior.

Narración de la historia

Lea estas instrucciones antes de comenzar.

1. Concéntrese en los puntos principales mientras cuenta la historia con sus propias palabras. Saque un objeto de la bolsa para ilustrar cada punto. Si se siente cómodo, incluya más detalles. Si es necesario, puede utilizar el guion sugerido.
2. Mientras cuenta la historia, muestre cada objeto en orden. Coloque el objeto donde los niños puedan verlo.
3. Después de contar la historia, vuelva a colocar todos los objetos dentro de la bolsa.
4. Para repasar la historia, pida a un voluntario que saque un objeto de la bolsa y diga lo que representa. Repita este proceso con todos los objetos hasta que los niños puedan volver a contar la historia por completo.
5. Repase el "movimiento de memorización" que se describe a continuación. Haga este movimiento cada vez que mencione lo que representa.

Puntos principales en orden

Diga: Hoy continuamos nuestro estudio en 1 Samuel. Por eso empaqué nuestra bolsa de viaje con las herramientas que necesitaremos. Hoy comenzamos con... Desempaque los objetos mientras cuenta la historia.

1. Señale el papel. **Los filisteos se reunieron para la batalla. Dos veces al día durante 40 días Goliat, un filisteo de casi 3 metros de altura, salía y desafiaba a los hombres de Israel a luchar contra él. Saúl y los israelitas estaban aterrorizados.**
2. Ponga su mano en su oído como si escuchara — **Diga: Isaí envió a David al campamento israelita para ver cómo estaban sus tres hermanos. David oyó a Goliat desafiar a los israelitas.**
3. Levante los brazos como si mostrara sus músculos. **David le dijo a Saúl que quería luchar contra Goliat. Dijo que la fuerza del Señor lo ayudaría.** Sostenga la túnica de gran tamaño. Diga: **Saúl le dio a David una túnica y una armadura para vestir; pero David las rechazó.**
4. Una honda y una piedra — Diga: **David tomó su vara, cinco piedras, y su honda, y se acercó a Goliat. Goliat se burló de David. Pero David le dijo a Goliat que el Señor le daría fuerzas para derrotarlo.**
5. Movimiento de memorización — Una honda. Haga que el estudiante levante los brazos y los gire en el sentido contrario a las manecillas del reloj, como si lanzara honda sobre sus cabezas. **David puso la piedra en su honda. La piedra golpeó a Goliat en la frente y lo mató.**

Diga: **Ahora es su turno de contar la historia.** Devuelva los objetos a la bolsa. Invite a los niños a turnarse. Elija un voluntario para tomar un objeto de la bolsa sin mirar y que luego explique lo que significa/representa. O puede elegir repasar uno de los movimientos de memorización y explicar lo que representa. Después de que los niños retiren todos los objetos y los expliquen, pídale a un voluntario que los coloque en el orden correcto de la historia.

LECCIÓN BÍBLICA

Consejos para el maestro

Cuando lea el estudio bíblico enfatice estas ideas.

- Ayude a los niños a darse cuenta de lo grande de la situación de David. Era pequeño y joven. Sin embargo, Dios lo usó para hacer algo asombroso. El valor de David y su confianza en Dios le enseñaron a todo el pueblo que Dios es poderoso.

Lea las Escrituras

Diga: **Dios usa personas fieles para lograr tareas imposibles. ¡David derrotó a un guerrero de 3 metros de altura! ¿Qué usó? Usó una honda y una piedra. Más importante aún, usó la fuerza del Señor. Confiaba en que el Señor podría ayudarlo a derrotar al enemigo.**

Lea 1 Samuel 17:1-51 en voz alta. Puede optar por utilizar los objetos y los movimientos para enfatizar los puntos principales.

Preguntas de discusión

Discuta la historia y haga las siguientes preguntas a los niños. Recuerde que puede no haber una respuesta correcta o incorrecta.

1. ¿Qué creen que pensaron los israelitas cuando David quiso luchar contra Goliat con una honda y cinco piedras? Dramatice la escena y anime a los niños a improvisar la conversación.
2. **Lea 1 Samuel 17:47.** ¿Qué arma usó David que Goliat no tenía? ¿Cómo se sienten al saber que tienen esta misma herramienta para ayudarlos con sus problemas?
3. ¿Cómo se relaciona el versículo para memorizar de hoy, 1 Timoteo 4:12, con la historia bíblica de hoy?

Reflexión final

Esta es la reflexión que quiere que los niños recuerden.

Diga: **Goliat era muy alto y fuerte, un gigante. David derrotó a Goliat con una honda y una piedra. David confió en la fuerza del Señor. Probablemente nunca derrotarán a un gigante en una batalla, pero es posible que se enfrenten a algunos problemas que parecen igual de grandes. ¿Qué tipo de problemas podrían ser?** Dee que los niños respondan y luego diga: **Dios quiere que ustedes confíe en Él en cada problema. Él es fuerte y poderoso. Dios los ayudará con sus problemas.** Diga: **Dios usa a personas fieles para lograr tareas imposibles.**

PRÁCTICA DEL VERSÍCULO PARA MEMORIZAR

Que nadie te menosprecie por ser joven. Al contrario, que los creyentes vean en ti un ejemplo a seguir en la manera de hablar, en la conducta, y en amor, fe y pureza. 1 Timoteo 4:12

Vea las «actividades del versículo para memorizar» para sugerencias que ayuden a los niños a aprender el versículo para memorizar.

ACTIVIDADES ADICIONALES

Las siguientes son actividades opcionales que puede utilizar para ayudar a los niños a comprender mejor la lección de hoy.

1. Haga un póster y dibuje el contorno de un gigante que mida 3 metros de alto. Cuélguelo en la pared o colóquelo en el piso. Luego mida la altura de todos en ese cartel para compararlos con la altura de Goliat.

2. Escriba una entrada de un diario sobre los eventos en 1 Samuel 17 desde los puntos de vista de los siguientes personajes: Goliat, Eliab, David y Dios. Escriba lo que cree que cada persona estaba pensando y sintiendo sobre la situación. ¿Quién se sorprendió de que David derrotara a Goliat y quién no? ¿Quién creen que estaba feliz? ¿Quién creen que estaba triste?

Juego: Lanza tu honda

Usted necesitará:

- Un calcetín
- Una pelota pequeña
- Un tiro al blanco. Puede ser una papelera o un trozo de papel en la pared

Coloque la pelota dentro del calcetín. Explique a los niños que una honda es un arma que gira alrededor de la cabeza y luego se lanza contra un objetivo. Diga: **Hoy vamos a usar este calcetín para ver qué tan bien pueden usar una.**

Pida que los niños hagan fila en un extremo de su espacio para reuniones. Coloque un objetivo a tres metros del suelo, o tan alto como pueda hacerlo: un cubo o cubeta, un lugar en la pared o cualquier artículo que tenga disponible. Deje que los niños se turnen mientras lanzan el calcetín hacia el objetivo. Asegúrese de que todos los niños tengan al menos un turno. Por razones de seguridad, deje mucho espacio mientras los niños usan la honda.

Diga: **¡Eso fue divertido! ¡Su objetivo medía casi tres metros de alto! Hoy, descubrimos que David luchó contra un gigante con una honda y una roca. David tenía fe en que Dios lo ayudaría. Dios hizo posible que David lograra algo que parecía imposible.**

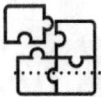 ## ACTIVIDAD PARA NIÑOS MAYORES

Un tiro

Esta actividad podría ensuciar, por lo que se debe considerar un entorno al aire libre y si el clima lo permite.

Usted necesitará:

- Un objetivo que es un círculo
- Un globo lleno de agua o crema de afeitar o trozos de papel cortado en tiras. Tenga suficientes globos para que cada niño tenga varios intentos.

1. Alinee a los estudiantes y dígales que tienen una oportunidad para golpear a Goliat. Diga: **David fue capaz de disparar un tiro con su honda y golpear a Goliat justo en la frente. Deles la oportunidad de tomar varios turnos, pero sólo un tiro a la vez.** Después, hable sobre lo que David podría haber sentido mientras intentaba hacer el lanzamiento. Diga: **¿Creen que estaba asustado? ¿Creen que se estaba preguntando qué podría haber**

pasado si fallaba? ¿Tenía miedo de que Goliat fuera a ir tras él?

 ## ESGRIMA BÍBLICO

Consulte la sección «Preguntas de repaso» para las preguntas de práctica rojas y azules para esta lección.

LECCIÓN 12

LA GRAN FUGA
1 SAMUEL 18:1-16, 28-30; 19:1-18

VERSÍCULO PARA MEMORIZAR

No dejemos que la vanidad nos lleve a irritarnos y a envidiarnos unos a otros.

Gálatas 5:26

VERDADES SOBRE DIOS

Esta lección enseñará las siguientes verdades sobre Dios. El asterisco * indica la verdad principal que debe enseñar a los niños.

* * Dios quiere que amemos y respetemos a las personas y que no las envidiemos.
* Dios vela por aquellos que lo aman y lo honran.

ENFOQUE Y RESUMEN DE LA LECCIÓN

En este estudio, los niños aprenderán que Dios vela por aquellos que lo aman y obedecen. Dios no quiere que su pueblo esté celoso de los demás.

1. David ganó el favor de Saúl y de todo el pueblo. Saúl le dio un alto rango en el ejército.
2. El pueblo cantó mayores alabanzas sobre David que Saúl. Saúl se puso celoso de David y trató de matarlo.
3. Jonatán advirtió a David y trató de convencer a Saúl de no matar a David.
4. Saúl trató de matar a David de nuevo. David huyó y Mical, su esposa, lo encubrió.

ANTECEDENTES BÍBLICOS

David impresionó a Jonatán, el hijo de Saúl. Jonatán le dio a David su manto, su túnica y sus armas. También hizo un pacto con David. Jonatán le era leal a David. Reconoció que David era la elección de Dios como el próximo rey de los israelitas.

Saúl envió a David para dirigir el ejército, y David era un líder sabio. Las mujeres de Israel cantaron un cántico de alabanza a Saúl y a David, pero la alabanza de las mujeres para David parecía mayor que su alabanza para Saúl. Saúl se enojó cuando oyó cómo las mujeres alababan a David.

Saúl entendió que David era un líder valioso del ejército. También se dio cuenta de que David amenazaba su posición como rey. El éxito de David y su popularidad entre los israelitas continuó creciendo. Como resultado, Saúl intentó quitarle la vida a David en varias ocasiones.

Estudios Bíblicos para Niños
www.KidzFirstPublications.org

1 y 2 de Samuel

¿SABÍAS QUE...?

Como hijo de Saúl, Jonatán era el siguiente en la fila para ser rey después de la muerte de Saúl. Jonatán decidió apoyar y ayudar a David a pesar de que eso significaba renunciar a su posición futura.

VOCABULARIO

Personas

Mical era la hija de Saúl y la esposa de David.

Lugares

Nayot era el pasto fuera de los muros de la ciudad de Ramá. David y Samuel acamparon allí para que Saúl no pudiera atraparlos en la ciudad.

Cosas

Un **laúd** era una pequeña arpa con tres o cuatro cuerdas.

Un **pacto** era un acuerdo en el que dos personas se hacían una promesa entre sí.

Una **campaña** es una serie de ataques militares durante una guerra.

NARRACIÓN DE LA HISTORIA

Cada semana necesitará los siguientes objetos.

1. Algo para transportar cosas como una pequeña bolsa de viaje.
2. Un contenedor para almacenar los objetos de la historia de cada semana (puede ser una bolsa, un cesto o una caja).

Para la historia de hoy, también necesitará los siguientes objetos.

3. Bata o prenda de vestir
4. Pandero o campana
5. Globo o una pelota y una toalla

Antes de la clase

1. Lea 1 Samuel 18:1-16, 28-30; 19:1-18
2. Reúna los objetos de la historia de hoy. Sustituya los objetos no disponibles por una imagen.
3. Pase todos los objetos de la lección anterior de la bolsa de viaje al contenedor de almacenamiento. Coloque este contenedor al lado del área de narración de la historia.
4. Coloque los objetos de la historia de hoy dentro de la bolsa de viaje. Ponga la bolsa de viaje en el área de narración de la historia.

Sigue al líder

Dígales a los niños que se pongan en línea recta, uno detrás del otro. Elija a un niño para que sea el líder. Dígales a los niños que deben observar al líder e imitar todo lo que haga. El líder conducirá el grupo alrededor del aula. Debe utilizar diferentes gestos con las manos, sonidos o movimientos para que los niños los imiten. Por ejemplo, el líder puede caminar con pasos de bebé, pasos grandes o saltos. Termine el juego en el área de narración de la historia.

Repaso opcional de la lección

Pida a un voluntario que seleccione un objeto del contenedor y que explique lo que representaba en la lección anterior.

Narración de la historia

Lea estas instrucciones antes de comenzar.

1. Concéntrese en los puntos principales mientras cuenta la historia con sus propias palabras. Saque un objeto de la bolsa para ilustrar cada punto. Si se siente cómodo, incluya más detalles. Si es necesario, puede utilizar el guion sugerido.

2. Mientras cuenta la historia, muestre cada objeto en orden. Coloque el objeto donde los niños puedan verlo.

3. Después de contar la historia, vuelva a colocar todos los objetos dentro de la bolsa.

4. Para repasar la historia, pida a un voluntario que saque un objeto de la bolsa y diga lo que representa. Repita este proceso con todos los objetos hasta que los niños puedan volver a contar la historia por completo.

5. Repase el "movimiento de memorización" que se describe a continuación. Haga este movimiento cada vez que mencione lo que representa.

Puntos principales en orden

Diga: **Hoy continuamos nuestro estudio en 1 Samuel. Por eso empaqué nuestra bolsa de viaje con las herramientas que necesitaremos. Hoy comenzamos con…** Desempaque los objetos mientras cuenta la historia.

1. Sostenga la bata o la ropa. Diga: **Jonatán quería tanto a David que hizo un pacto con él. Cuando Jonatán hizo el pacto, se quitó su manto y se lo dio a David.**

2. Sostenga el pandero o la campana. Diga: **Después que David mató al filisteo, las mujeres bailaron y cantaron. Decían: «Saúl mató a sus miles, pero David, a sus diez miles». Esto hizo que Saúl se enojara e intentó matar a David.**

3. **Cuando Saúl se dio cuenta de que el Señor estaba con David y que su hija Mical amaba a David, Saúl se asustó aún más de él. Saúl le dijo a Jonatán y a todos los asistentes que mataran a David. Jonatán advirtió a David y le dijo que se escondiera.**

4. Ponga el globo o la pelota en el suelo y cúbrala con una toalla — Diga: **Mical ayudó a David a escapar. Luego Mical tomó un ídolo y lo puso en la cama con un tejido de pelo de cabra en la cabeza, y lo cubrió con una sábana. Cuando los hombres de Saúl fueron a capturar a David, ella les dijo que él estaba enfermo.**

5. Movimiento de memorización. Pida que un estudiante corra en su lugar. Diga: **David huyó de Saúl.**

Diga: **Ahora es su turno de contar la historia.** Devuelva los objetos a la bolsa. Invite a los niños a turnarse. Elija un voluntario para tomar un objeto de la bolsa sin mirar y que luego explique lo que significa/representa. O puede elegir repasar uno de los movimientos de memorización y explicar lo que representa. Después de que los niños retiren todos los objetos y los expliquen, pídale a un voluntario que los coloque en el orden correcto de la historia.

LECCIÓN BÍBLICA

Consejos para el maestro

Cuando lea el estudio bíblico enfatice estas ideas.

- Comparta con los niños cómo los celos lastiman las relaciones. Discuta las formas en que los niños pueden reconocer y superar sus sentimientos de celos.

Lea las Escrituras

Diga: **El pueblo de Dios no debe estar celoso de los demás. Saúl estaba celoso y no respondió a los celos de la manera correcta. Eligió odiar a David. Dios quiere que tratemos a los demás como Él lo haría.**

Lea 1 Samuel 18:1-16, 28-30; 19:1-18 en voz alta. Puede optar por utilizar los objetos y los movimientos para enfatizar los puntos principales.

Preguntas de discusión

Discuta la historia y haga las siguientes preguntas a los niños. Recuerde que puede no haber una respuesta correcta o incorrecta.

1. Enumeren cuatro cosas importantes que le sucedieron a David en el estudio de hoy. ¿Por qué creen que le pasaron estas cosas?
2. Lea 1 Samuel 18:6-9. **¿Cómo reaccionó Saúl a la canción de las mujeres? ¿Por qué reaccionó de esta manera?**
3. **¿Por qué Saúl estaba celoso de David? ¿Qué hizo Saúl a causa de sus celos? ¿Qué tenía David que Saúl no tuviera?**
4. **Como hijo del rey, ¿qué sacrificó Jonatán cuando ayudó a David? ¿Por qué crees que Jonatán no estaba celoso de David?**
5. Mical ayudó a David a escapar. Ella le mintió a su padre y a sus hombres para ayudar a David. **¿Crees que su método era correcto? ¿Por qué sí, o por qué no?**

Reflexión final

Esta es la reflexión que quiere que los niños recuerden.

Diga: **¿Alguna vez tuviste celos de alguien? Los celos son una emoción común que las personas sienten. Lo que le importa a Dios es cómo respondemos cuando estamos celosos. Saúl no respondió a sus celos por David de la manera correcta. Saúl eligió odiarlo. Dios quiere que elijamos la manera correcta de tratar a los demás. Si te pones celoso, pídele a Dios que te ayude a responder amablemente. Responder con bondad no es fácil, pero esto es lo que Dios quiere que hagas.**

PRÁCTICA DEL VERSÍCULO PARA MEMORIZAR

No dejemos que la vanidad nos lleve a irritarnos y a envidiarnos unos a otros. Gálatas 5:26

Vea las «actividades del versículo para memorizar» para sugerencias que ayuden a los niños a aprender el versículo para memorizar.

ACTIVIDADES ADICIONALES

Las siguientes son actividades opcionales que puede utilizar para ayudar a los niños a comprender mejor la lección de hoy.

1. Diga: **Jonatán y David hicieron un pacto. ¿Qué crees que prometieron en su pacto? ¿Cuál fue el significado de que Jonatán le diera a David su manto, túnica y armas?** Lea estas otras historias bíblicas donde hubo pactos: Génesis 9:8-17 y 15:9-18. Diga: **Mientras leemos la historia, escuchen para averiguar quién hizo estos pactos y qué prometieron.**

Juego: La traes en círculo

Diga: **Hoy hemos aprendido más sobre Saúl, Jonatán y David. Saúl estaba celoso de David, y quería matarlo. Pero Jonatán, el hijo de Saúl, le tenía afecto a David, y quería protegerlo.**

Elija un niño para cada uno de estos roles: Saúl, Jonatán y David. Indique a los niños restantes que se agarren de las manos, formen un círculo y miren hacia afuera. El niño que representa a David permanecerá dentro del círculo en todo momento. Los niños del círculo protegerán a David. El niño que representa a Saúl intentará arrastrarse por el círculo y tocar a David. El niño que representa a Jonatán se quedará fuera del círculo e intentará tocar a Saúl antes de que Saúl toque a David.

El juego termina cuando Jonathan toca a Saúl o Saúl toca a David. Luego, elija a otros niños para que jueguen cada uno de los tres personajes. Si el tiempo lo permite, juegue el juego varias veces hasta que cada niño juegue al menos a uno de los personajes principales. Cuando un niño toque a otro le dirá: «la traes».

Diga: **Ustedes ayudaron a proteger a David así como Dios ayudó a proteger a David de los celos de Saúl.**

ACTIVIDAD PARA NIÑOS MAYORES

Revolver la palabra «celos»

Escriba cada letra de la palabra CELOS en un pedazo de papel. Esconda las piezas de papel alrededor del aula. Pida que los niños encuentren las letras, las acomoden en orden y las peguen en la pared en el orden correcto. Dele a cada estudiante un lápiz y una nota adhesiva. Diga: **Escriban un ejemplo de celos en su nota adhesiva y péguenlo debajo de la palabra.** Hable sobre cuáles son algunas buenas respuestas cuando nos sentimos celosos y cuáles no son buenas formas de responder.

ESGRIMA BÍBLICO

Consulte la sección «Preguntas de repaso» para las preguntas de práctica rojas y azules para esta lección.

LECCIÓN 13

PROBLEMAS EN NOB
1 SAMUEL 21:1-9; 22:6-23; 23:14-18

VERSÍCULO PARA MEMORIZAR

Bueno es el Señor; es refugio en el día de la angustia, y protector de los que en él confían.

Nahum 1:7

VERDADES SOBRE DIOS

*Esta lección enseñará las siguientes verdades sobre Dios. El asterisco * indica la verdad principal que debe enseñar a los niños.*

* * Dios nos guiará cuando le pidamos ayuda.
* Dios anima a su pueblo en tiempos de luchas.
* Dios está con nosotros, incluso en tiempos de peligro.

ENFOQUE Y RESUMEN DE LA LECCIÓN

En este estudio, los niños aprenderán que podemos ir a Dios en busca de ayuda con cualquier situación. Puede que Dios no elimine el problema, pero siempre está con nosotros. Dios nos guiará cuando le pidamos ayuda.

1. Ajimélec, sacerdote de Nob, le dio a David pan consagrado y la espada de Goliat.
2. Doeg vio a Ajimélec ayudar a David y se lo dijo a Saúl.
3. Saúl envió por Ajimélec. Doeg mató a Ajimélec y a los sacerdotes en Nob.
4. Jonatán encontró a David, y le dijo que sería rey, e hizo un pacto con él.

ANTECEDENTES BÍBLICOS

David huyó de Saúl cuando Jonatán le contó a un amigo sobre el complot para matar a David. No tuvo tiempo de hacer provisiones. David llegó a Nob y recibió pan consagrado del sacerdote Ajimélec. Ajimélec tenía miedo. Puede haber sido porque era descendiente de Elí, quien fue maldecido por Dios para morir en la flor de la vida. También le dio a David la espada de Goliat. La espada animó a David y le recordó que la presencia de Dios lo acompañará en los días de peligro.

Doeg, el edomita, le fue leal a Saúl. Le dijo a Saúl que David había huido a Nob, y que Ajimélec le había dado el pan y la espada. Saúl interrogó a Ajimélec. Ajimélec le recordó a Saúl la fidelidad de David a Saúl. También dijo que era inocente porque no sabía de ningún conflicto entre Saúl y David.

Estudios Bíblicos para Niños
www.KidzFirstPublications.org

1 y 2 de Samuel

Saúl se negó a escuchar lo que Ajimélec dijo. Ordenó a sus guardias que mataran a Ajimélec y a toda su familia. Los guardias se negaron. Los israelitas creían que un ataque contra los sacerdotes de Dios era un ataque contra Dios. La única persona que accedió a matar a Ajimélec y a su familia fue Doeg el edomita. El hecho de que Saúl se pusiera de lado de un extranjero en lugar de los israelitas mostró lo lejos que había caído.

Mientras David estaba en Hores, se enteró de que Saúl estaba planeando matarlo. Jonatán fue a Hores y consoló a David. Jonatán le aseguró a David que le serviría cuando David se convirtiera en rey. Jonatán y David hicieron un pacto mutuo delante del Señor.

Las acciones de Saúl en Nob mostraron que mataría a cualquiera que se le opusiera, incluso a los sacerdotes de Dios.

Las acciones de Jonatán hacia David mostraron que el corazón de Jonatán era fiel a Dios. Jonatán aceptó que David era la elección de Dios para ser el próximo rey.

¿SABÍAS QUE...?

Ajimélec era un sacerdote emparentado con Elí. En 1 Samuel 2:31-33, Dios prometió que todos los parientes de Elí morirían a una edad temprana. Ajimélec y su familia murieron en Nob. Abiatar, su hijo, fue el único sacerdote que vivió.

VOCABULARIO

Personas

Ajimélec fue el sumo sacerdote que ayudó a David cuando huyó de Saúl.

Doeg el edomita era el pastor principal que cuidaba de los animales de Saúl. Los edomitas eran enemigos de Israel.

Lugares

Nob era una ciudad de sacerdotes. Estaba a unos cuatro kilómetros de Jerusalén.

Hores era un lugar en el desierto de Zif donde David se escondió. Estaba al oeste del Mar Muerto.

Cosas

El **pan consagrado** eran panes especiales que se horneaban frescos cada día y se exhibían ante el Señor en el tabernáculo. Por lo general, los sacerdotes comían el pan cuando reemplazaban los panes al día siguiente.

Preguntar al Señor era buscar la guía de Dios a través de una variedad de métodos.

Un **árbol de tamarisco** era un pequeño árbol con hojas gruesas y flores rosadas.

NARRACIÓN DE LA HISTORIA

Cada semana necesitará los siguientes objetos.

1. Algo para transportar cosas como una pequeña bolsa de viaje.
2. Un contenedor para almacenar los objetos de la historia de cada semana (puede ser una bolsa, un cesto o una caja).

Para la historia de hoy, también necesitará los siguientes objetos.

3. Pan
4. Palo o una espada de plástico

Antes de la clase

1. Lea 1 Samuel 21:1-9; 22:6-23; 23:14-18
2. Reúna los objetos de la historia de hoy. Sustituya los objetos no disponibles por una imagen.
3. Pase todos los objetos de la lección anterior de la bolsa de viaje al contenedor de almacenamiento. Coloque este contenedor al lado del área de narración de la historia.
4. Coloque los objetos de la historia de hoy dentro de la bolsa de viaje. Ponga la bolsa de viaje en el área de narración de la historia.

Sigue al líder

Dígales a los niños que se pongan en línea recta, uno detrás del otro. Elija a un niño para que sea el líder. Dígales a los niños que deben observar al líder e imitar todo lo que haga. El líder conducirá el grupo alrededor del aula. Debe utilizar diferentes gestos con las manos, sonidos o movimientos para que los niños los imiten. Por ejemplo, el líder puede caminar con pasos de bebé, pasos grandes o saltos. Termine el juego en el área de narración de la historia.

Repaso opcional de la lección

Pida a un voluntario que seleccione un objeto del contenedor y que explique lo que representaba en la lección anterior.

Narración de la historia

Lea estas instrucciones antes de comenzar.

1. Concéntrese en los puntos principales mientras cuenta la historia con sus propias palabras. Saque un objeto de la bolsa para ilustrar cada punto. Si se siente cómodo, incluya más detalles. Si es necesario, puede utilizar el guion sugerido.
2. Mientras cuenta la historia, muestre cada objeto en orden. Coloque el objeto donde los niños puedan verlo.
3. Después de contar la historia, vuelva a colocar todos los objetos dentro de la bolsa.
4. Para repasar la historia, pida a un voluntario que saque un objeto de la bolsa y diga lo que representa. Repita este proceso con todos los objetos hasta que los niños puedan volver a contar la historia por completo.
5. Repase el "movimiento de memorización" que se describe a continuación. Haga este movimiento cada vez que mencione lo que representa.

Puntos principales en orden

Diga: **Hoy continuamos nuestro estudio en 1 Samuel. Por eso empaqué nuestra bolsa de viaje con las herramientas que necesitaremos. Hoy comenzamos con...** Desempaque los objetos mientras cuenta la historia.

1. Pan Diga: **David fue al sacerdote Ajimélec en Nob. David le dijo que el rey lo había enviado en una misión especial. David le pidió a Ajimélec pan y una espada. Ajimélec le dio el**

pan reservado para los sacerdotes y la espada de Goliat.

2. Señale a su ojo y luego a su boca. Diga: **Doeg, uno de los siervos de Saúl estaba en el Tabernáculo y vio a David hablando con Ajimélec. Doeg le dijo a Saúl lo que vio.**

3. **Saúl quería que mataran a Ajimélec y a los otros sacerdotes. Doeg mató a 85 sacerdotes, además de hombres, mujeres, niños y ganado en Nob.**

4. Movimiento de memorización. Haga que los estudiantes se abracen unos a otros, o a sí mismos. Diga: **David se enteró de que Saúl aún quería matarlo. Jonatán se acercó a él y lo animó a encontrar fuerza en el Señor. Entonces hicieron un pacto.**

Diga: **Ahora es su turno de contar la historia.** Devuelva los objetos a la bolsa. Invite a los niños a turnarse. Elija un voluntario para tomar un objeto de la bolsa sin mirar y que luego explique lo que significa/representa. O puede elegir repasar uno de los movimientos de memorización y explicar lo que representa. Después de que los niños retiren todos los objetos y los expliquen, pídale a un voluntario que los coloque en el orden correcto de la historia.

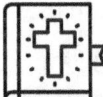

LECCIÓN BÍBLICA

Consejos para el maestro

Cuando lea el estudio bíblico enfatice estas ideas.

- Hay muchas cosas que hacen que los niños tengan miedo: la guerra, la violencia, el clima severo, la separación y la muerte. Anime a los niños diciéndoles que el miedo es una emoción que todos experimentan. Sin embargo, Dios estará con ellos en tiempos de angustia. Si bien es posible que no elimine el problema, podemos confiar en él para que esté con nosotros en la situación. Dios quiere que elijamos confiar en Él.

Lea las Escrituras

Diga: **Dios anima a Su pueblo en tiempos de gran peligro. Nuestro versículo para memorizar hoy es uno que puede consolarnos y ayudarnos cuando enfrentamos situaciones difíciles.**

Lea 1 Samuel 21:1-9; 22:6-23; 23:14-18 Puede optar por utilizar los objetos y los movimientos para enfatizar los puntos principales.

Preguntas de discusión

Discuta la historia y haga las siguientes preguntas a los niños. Recuerde que puede no haber una respuesta correcta o incorrecta.

1. ¿Qué razón dio David para ir a Nob? ¿Por qué crees que David le mintió a Ajimélec?

2. En 1 Samuel 22:22, David vio a Doeg el edomita en el tabernáculo. ¿Cómo crees que se sintió David cuando vio a este siervo de Saúl? ¿Cómo habrías respondido si fueras David?

3. ¿Cómo se relaciona el versículo para memorizar, Nahum 1:7, con la lección de hoy?

Reflexión final

Esta es la reflexión que quiere que los niños recuerden.

Diga: **Todo el mundo se asusta en tiempos de problemas. Casi todo el mundo tiene miedo de algo. ¿Qué les hace temer? ¿Qué pueden hacer cuando tienen miedo?** Después de que los niños

Estudios Bíblicos para Niños
www.KidzFirstPublications.org

respondan las preguntas, si nadie lo mencionó, diga: **Ustedes pueden hablar con Dios. David estaba asustado cuando huyó de Saúl. David confiaba que Dios lo ayudaría. Dios ayuda a Su pueblo en tiempos de angustia. Si le pides ayuda, Él te guiará. Él estará contigo.**

PRÁCTICA DEL VERSÍCULO PARA MEMORIZAR

Bueno es el Señor; es refugio en el día de la angustia, y protector de los que en él confían. Nahum 1:7

Vea las «actividades del versículo para memorizar» para sugerencias que ayuden a los niños a aprender el versículo para memorizar.

ACTIVIDADES ADICIONALES

Las siguientes son actividades opcionales que puede utilizar para ayudar a los niños a comprender mejor la lección de hoy.

1. Haga que los niños recorten la forma de una espada de un pedazo de papel. Por un lado ayúdeles a escribir el versículo para memorizara, y por el otro, escriba «La espada de Goliat». Luego, ayude a los niños a cortar su espada en tres piezas de diferentes formas. Ponga los trozos cortados en un tazón o bolsa y páselos a los niños de uno en uno hasta que todos los trozos estén distribuidos. Haga que los niños intercambien las piezas hasta que recuperen todas sus piezas.

Juego: Carrera de obstáculos.

Necesitará lo siguiente:

- Una pista sencilla para carrera de obstáculos

- Una venda para los ojos

Ponga una pista sencilla de obstáculos en el aula o en el exterior. Debe pedir que los niños hagan tareas simples como trepar debajo de un escritorio, subir sillas o árboles, saltar sobre un libro o un tronco, o navegar a través de un patio de recreo. Organice a los niños en parejas.

Un niño de cada pareja llevará una venda en los ojos, y el otro niño servirá como guía. El guía solo usará su voz para guiar al niño con los ojos vendados a través de los obstáculos. El guía no puede tocar al niño con los ojos vendados.

Una pareja a la vez envíe a los niños a la carrera de obstáculos.

Diga: **no podrían navegar a través de la carrera de obstáculos sin la ayuda de un guía. Sin su guía, se caerían, tropezarían o se lastimarían. A lo largo de nuestros estudios bíblicos, aprendimos que Saúl no pidió la guía de Dios en las decisiones que tomó. Por lo tanto, Dios no ayudó a Saúl. David pidió la dirección de Dios cuando estaba en problemas. Dios guio a David, y lo mantuvo a salvo de Saúl.**

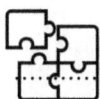
ACTIVIDAD PARA NIÑOS MAYORES

Actos de aliento

Diga: **Jonatán animó a David y lo ayudó a encontrar fuerza en Dios.** Hable sobre algunas maneras en que sus niños podrían animar a otros. Tal vez escribir una nota o tarjeta, visitar una persona en confinamiento, llevarle flores a alguien, o simplemente decirle a alguien que es amado y apreciado. Pregúnteles sobre un momento en el que alguien los animó y cómo los hizo sentir.

ESGRIMA BÍBLICO

Consulte la sección «Preguntas de repaso» para las preguntas de práctica rojas y azules para esta lección.

LECCIÓN 14

MATAR O NO MATAR
1 SAMUEL 24:1-22

VERSÍCULO PARA MEMORIZAR

No te dejes vencer por el mal; al contrario, vence el mal con el bien. Romanos 12:21.

VERDADES SOBRE DIOS

Esta lección enseñará las siguientes verdades sobre Dios. El asterisco * indica la verdad principal que debe enseñar a los niños.

* Dios quiere que respetemos a los que tienen autoridad incluso cuando no estamos de acuerdo con ellos.
- Dios no quiere que busquemos vengarnos de los demás.

ENFOQUE Y RESUMEN DE LA LECCIÓN

En este estudio, los niños aprenderán que Dios no quiere que nos venguemos de los demás. Dios quiere que respetemos a los que tienen autoridad.

1. Saúl fue a la cueva donde David estaba escondido, pero él no sabía que David estaba allí.
2. David cortó una esquina del manto de Saúl. Luego reprendió a sus hombres por querer matar a Saúl.
3. David levantó la esquina del manto de Saúl para mostrarle a Saúl que le había perdonado la vida.
4. Saúl dijo que David era más justo que él. Le pidió a David que perdonara su vida y la de su familia.

ANTECEDENTES BÍBLICOS

Durante un tiempo, Saúl respetó a David. Necesitaba a David, pero le temía y le tenía rencor. Quería seguir siendo rey, pero se dio cuenta de que David era ahora el sustituto elegido de Dios. A pesar de las consecuencias, Saúl decidió cazar a David.

Saúl fue con 3,000 hombres a buscar a David. A pesar de que su ejército era muy superior al de David, terminó a merced de David.

David se acercó sigilosamente a Saúl y le cortó un pedazo del manto. Los hombres de David pensaron que este éxito era una señal de Dios de que debía matar a Saúl. David resistió la tentación porque sabía que violaría un principio que Dios ya había establecido: matar a una persona ungida por Dios era una ofensa grave. Aunque Saúl ya no era fiel a Dios, David no violaría el principio.

Estudios Bíblicos para Niños
www.KidzFirstPublications.org

1 y 2 de Samuel

Cuando David eligió salvar la vida de Saúl, David honró a Dios. David también exhibió un comportamiento piadoso al honrar a Saúl, su líder, incluso en medio del conflicto con él. Saúl se dio cuenta de que Dios había elegido a David para ser el próximo rey de los israelitas.

 ¿SABÍAS QUE...?

El desierto de Engadi era en realidad un oasis en la orilla occidental del Mar Muerto. Estaba a unos 56 kilómetros de Jerusalén. Contenía árboles, agua y muchos lugares para usar como escondites.

VOCABULARIO

Personas

El **ungido del Señor** es una persona seleccionada por Dios. Saúl fue ungido por Dios para ser el rey.

Los **descendientes** son los hijos de una persona, nietos, bisnietos, etc.

Lugares

Los **Peñascos de las Cabras** es un acantilado escarpado y rocoso en el desierto de Engadi.

Cosas

Un **juramento** es una promesa o un voto.

Una **fortaleza** es un lugar seguro.

Postrarse es inclinarse en el suelo, con el rostro hacia el suelo. David se postró para demostrar su respeto por Saúl.

NARRACIÓN DE LA HISTORIA

Cada semana necesitará los siguientes objetos.

1. Algo para transportar cosas como una pequeña bolsa de viaje.
2. Un contenedor para almacenar los objetos de la historia de cada semana (puede ser una bolsa, un cesto o una caja).

Para la historia de hoy, también necesitará los siguientes objetos.

3. Bata
4. Tijeras

Antes de la clase

1. Lea 1 Samuel 24:1-22

2. Reúna los objetos de la historia de hoy. Sustituya los objetos no disponibles por una imagen.
3. Pase todos los objetos de la lección anterior de la bolsa de viaje al contenedor de almacenamiento. Coloque este contenedor al lado del área de narración de la historia.
4. Coloque los objetos de la historia de hoy dentro de la bolsa de viaje. Ponga la bolsa de viaje en el área de narración de la historia.

Sigue al líder

Dígales a los niños que se pongan en línea recta, uno detrás del otro. Elija a un niño para que sea el líder. Dígales a los niños que deben

Estudios Bíblicos para Niños
www.KidzFirstPublications.org

observar al líder e imitar todo lo que haga. El líder conducirá el grupo alrededor del aula. Debe utilizar diferentes gestos con las manos, sonidos o movimientos para que los niños los imiten. Por ejemplo, el líder puede caminar con pasos de bebé, pasos grandes o saltos. Termine el juego en el área de narración de la historia.

Repaso opcional de la lección

Pida a un voluntario que seleccione un objeto del contenedor y que explique lo que representaba en la lección anterior.

Narración de la historia

Lea estas instrucciones antes de comenzar.

1. Concéntrese en los puntos principales mientras cuenta la historia con sus propias palabras. Saque un objeto de la bolsa para ilustrar cada punto. Si se siente cómodo, incluya más detalles. Si es necesario, puede utilizar el guion sugerido.

2. Mientras cuenta la historia, muestre cada objeto en orden. Coloque el objeto donde los niños puedan verlo.

3. Después de contar la historia, vuelva a colocar todos los objetos dentro de la bolsa.

4. Para repasar la historia, pida a un voluntario que saque un objeto de la bolsa y diga lo que representa. Repita este proceso con todos los objetos hasta que los niños puedan volver a contar la historia por completo.

5. Repase el "movimiento de memorización" que se describe a continuación. Haga este movimiento cada vez que mencione lo que representa.

Puntos principales en orden

Diga: **Hoy continuamos nuestro estudio en 1 Samuel. Por eso empaqué nuestra bolsa de viaje con las herramientas que necesitaremos.**

Hoy comenzamos con... Desempaque los objetos mientras cuenta la historia.

1. Diga: **Saúl tomó 3,000 hombres para buscar a David. Entró en una cueva, pero no se dio cuenta de que David y sus hombres estaban escondidos en la cueva.**

2. Bata y tijeras. Diga: **Los hombres de David le dijeron que era su oportunidad de matar a Saúl. David se acercó sigilosamente a él y le cortó una esquina de la túnica. David se sintió culpable por tratar a su amo, el ungido del Señor con falta de respeto.**

3. Haga un movimiento como si estuviera inclinándose. **David se inclinó al suelo frente a Saúl. Le preguntó: "¿Por qué cree que estoy decidido a hacerle daño? Le perdoné la vida a pesar de que otros me dijeron que lo matara».**

4. **Saúl confesó que había tratado mal a David. Le pidió a David que dejara vivir a su familia y a sus descendientes.**

5. Movimiento de memorización. Haga que los estudiantes extiendan sus manos derechas y muevan el dedo medio y el índice y que hagan movimientos de tijeras. Diga: **David le cortó una parte de la túnica a Saúl.**

Diga: **Ahora es su turno de contar la historia.** Devuelva los objetos a la bolsa. Invite a los niños a turnarse. Elija un voluntario para tomar un objeto de la bolsa sin mirar y que luego explique lo que significa/representa. O puede elegir repasar uno de los movimientos de memorización y explicar lo que representa. Después de que los niños retiren todos los objetos y los expliquen, pídale a un voluntario que los coloque en el orden correcto de la historia.

Estudios Bíblicos para Niños
www.KidzFirstPublications.org

LECCIÓN BÍBLICA

Consejos para el maestro

Cuando lea el estudio bíblico enfatice estas ideas.

- Recuerde a los niños que Dios nunca le pedirá a Su pueblo que viole sus principios. David sabía esto y decidió no matar a Saúl, incluso cuando hubiera sido fácil. Él esperó a Dios para resolver el problema.

Lea las Escrituras

Diga: **Dios quiere que respetemos a los que tienen autoridad incluso cuando no estemos de acuerdo con ellos.**

Lea 1 Samuel 24:1-22 en voz alta. Puede optar por utilizar los objetos y los movimientos para enfatizar los puntos principales.

Preguntas de discusión

Discuta la historia y haga las siguientes preguntas a los niños. Recuerde que puede no haber una respuesta correcta o incorrecta.

1. Si fueras David, ¿cómo responderías si tuvieras la oportunidad de herir a Saúl?
2. Los hombres de David le dijeron que Dios prometió que entregaría a Saúl en manos de David. La Biblia no dice que Dios dijera esto. ¿Por qué crees que los hombres le dijeron esto a David?
3. ¿Qué influyó en la decisión de David de no herir a Saúl? ¿Cómo se sintió David después de cortar una esquina de la túnica de Saúl? ¿Por qué crees que se sintió así?
4. ¿Cómo respondió Saúl a David cuando le mostró un pedazo de su túnica? ¿Cómo crees que responderías en la situación de Saúl?
5. ¿Crees que sería fácil obedecer a alguien con autoridad sobre ti que te trató mal? ¿Qué harían ustedes?

Reflexión final

Esta es la reflexión que quiere que los niños recuerden.

Diga: una persona con autoridad es alguien que tiene poder. ¿Por qué es importante respetar a las personas con autoridad? ¿Qué pasaría si no los respetamos? Podríamos estar en desacuerdo con alguien que está en autoridad, pero Dios todavía quiere que los respetemos.

PRÁCTICA DEL VERSÍCULO PARA MEMORIZAR

No te dejes vencer por el mal; al contrario, vence el mal con el bien. Romanos 12:21.

Vea las «actividades del versículo para memorizar» para sugerencias que ayuden a los niños a aprender el versículo para memorizar.

ACTIVIDADES ADICIONALES

Las siguientes son actividades opcionales que puede utilizar para ayudar a los niños a comprender mejor la lección de hoy.

1. Lea estos pasajes acerca de la autoridad: Romanos 13:1-7; Hebreos 13:7; Mateo 22:15-22; Daniel 6:1-28. Pregunte: **¿Por qué Dios nos manda obedecer a los que tienen autoridad? ¿Cómo podemos mostrar respeto por los que tienen autoridad? ¿Qué pasará si no obedecemos a los que tienen autoridad? ¿Alguna vez Dios le pide a alguien que desobedezca a aquellos en autoridad? ¿Por qué Daniel desobedeció a las autoridades?**

Juego: Las escondidas

Antes de que lleguen los niños, corte un pedazo pequeño de tela para cada niño. Elija un lugar para jugar un juego de las escondidas. Dele a cada niño un pedazo de tela y coloque un recipiente en una ubicación central. Seleccione un lugar diferente para la base.

Elija un niño para que busque a los demás. Los otros niños se esconderán. El objetivo para los niños que se esconden es colocar su tela en el recipiente y luego regresar sanos y salvos a la base. El que busca contará lentamente hasta 20 mientras los otros niños se esconden. El que busca tratará de encontrar a los otros niños y no puede proteger el contenedor o la base.

Cualquier niño que toque el que está buscando debe sentarse y está fuera para esa ronda. Cuando todos los niños regresan a la base o son tocados por el buscador, el juego termina. Juegue el juego de nuevo con un nuevo buscador durante el tiempo que tenga.

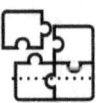 ## ACTIVIDAD PARA NIÑOS MAYORES

Busque en la Biblia a diferentes personas que obedecieron la autoridad incluso cuando era difícil hacerlo. ¿Qué tienen en común sus situaciones con las de David? Ahora lea acerca de algunas personas que no obedecieron la autoridad (Génesis 19:15-17, 23-26; Josué 7, 1 Samuel 2:12-17, 30-33, 4:10-11). ¿Qué les sucedió?

 ## ESGRIMA BÍBLICO

Consulte la sección «Preguntas de repaso» para las preguntas de práctica rojas y azules para esta lección.

LECCIÓN 15

ABIGAÍL SALVA EL DÍA
1 SAMUEL 25:1-42

VERSÍCULO PARA MEMORIZAR

Si es posible, y en cuanto dependa de ustedes, vivan en paz con todos.

Romanos 12:18

VERDADES SOBRE DIOS

*Esta lección enseñará las siguientes verdades sobre Dios. El asterisco * indica la verdad principal que debe enseñar a los niños.*

* Dios quiere que seamos pacificadores.
• Dios bendice a aquellos que muestran bondad hacia los demás.

ENFOQUE Y RESUMEN DE LA LECCIÓN

En este estudio, los niños aprenderán que Dios nos anima a ser pacificadores. Podemos ayudar a otros cuando están en situaciones difíciles. Podemos buscar la ayuda de Dios para tomar decisiones sabias cuando ayudamos a otros a hacer la paz.

1. Después de la muerte de Samuel, David se trasladó al desierto de Maón.
2. David envió a sus hombres a pedir comida a Nabal. Cuando Nabal se negó, David se preparó para luchar contra él.
3. Abigaíl, la esposa de Nabal, proveyó comida para David y sus hombres.
4. Nabal murió. David le pidió a Abigaíl que fuera su esposa, y ella estuvo de acuerdo.

 ## ANTECEDENTES BÍBLICOS

David envió mensajeros a Nabal, un hombre rico, para pedirle a Nabal comida y suministros para David y sus hombres. David había sido amable y había protegido a los pastores de Nabal cuando David estaba en el Carmelo. Creía que Nabal cumpliría su petición. Dado que era el momento de esquila de las ovejas, por lo general había alimentos y suministros adicionales disponibles.

Sin embargo, Nabal rechazó la petición de David. Nabal mostró que era desagradecido, codicioso y desobediente a los mandamientos de Dios con respecto a la hospitalidad. No respetó a David como el ungido de Dios. Cuando David recibió la noticia de Nabal, se preparó para matar a todos los siervos que pertenecían a Nabal.

Estudios Bíblicos para Niños
www.KidzFirstPublications.org

1 y 2 de Samuel

La esposa de Nabal, Abigaíl, no era como su esposo. Abigaíl era sabia, educada y generosa. La acción rápida y humilde de Abigaíl detuvo el plan precipitado de David. David aceptó los regalos de Abigaíl, y la bendijo porque ella le impidió cometer un pecado terrible. David y Abigaíl acordaron poner la situación en manos de Dios. Nabal murió, y Abigaíl se convirtió en esposa de David. Las acciones de Abigaíl como pacificadora trajeron bendiciones de Dios.

¿SABÍAS QUE...?

En tiempos bíblicos muchas personas creían que el significado del nombre de una persona mostraba cómo actuaría esa persona. El nombre de Nabal significaba «necio», y demostró ser fiel a su nombre.

VOCABULARIO

Personas

Nabal era un rico dueño de ovejas.

Abigaíl era la viuda de Nabal. Se convirtió en esposa de David.

Lugares

Ramá fue el lugar de nacimiento, hogar y sepultura de Samuel.

Maón era una ciudad en Judá. Estaba cerca de Carmel.

Carmel era una ciudad a unos 21 kilómetros al oeste del Mar Muerto.

NARRACIÓN DE LA HISTORIA

Cada semana necesitará los siguientes objetos.

1. Algo para transportar cosas como una pequeña bolsa de viaje.
2. Un contenedor para almacenar los objetos de la historia de cada semana (puede ser una bolsa, un cesto o una caja).

Para la historia de hoy, también necesitará los siguientes objetos.

3. Pan o alimentos
4. Pasas de uva

Antes de la clase

1. Lea 1 Samuel 25:1-42
2. Reúna los objetos de la historia de hoy. Sustituya los objetos no disponibles por una imagen.
3. Pase todos los objetos de la lección anterior de la bolsa de viaje al contenedor de almacenamiento. Coloque este contenedor al lado del área de narración de la historia.
4. Coloque los objetos de la historia de hoy dentro de la bolsa de viaje. Ponga la bolsa de viaje en el área de narración de la historia.

Sigue al líder

Dígales a los niños que se pongan en línea recta, uno detrás del otro. Elija a un niño para que sea el líder. Dígales a los niños que deben observar al líder e imitar todo lo que haga. El líder conducirá el grupo alrededor del aula. Debe utilizar diferentes gestos con las manos, sonidos o movimientos para que los niños los imiten. Por ejemplo, el líder puede caminar con pasos de bebé, pasos grandes o saltos. Termine el juego en el área de narración de la historia.

Repaso opcional de la lección

Pida a un voluntario que seleccione un objeto del contenedor y que explique lo que representaba en la lección anterior.

Narración de la historia

Lea estas instrucciones antes de comenzar.

1. Concéntrese en los puntos principales mientras cuenta la historia con sus propias palabras. Retire un artículo de la bolsa a medida que ilustra cada punto. Si se siente cómodo, incluya más detalles. Si es necesario, puede usar el guion sugerido.
2. Mientras cuenta la historia, muestre cada objeto en orden. Coloque el objeto donde los niños puedan verlo.
3. Después de contar la historia, vuelva a colocar todos los objetos dentro de la bolsa.
4. Para revisar la historia, pídale a un voluntario que retire un objeto de la bolsa y luego cuente lo que representa. Repita este proceso con todos los objetos hasta que los niños puedan volver a contar la historia por completo.
5. Revise el «Movimiento de memorización» que se describe a continuación. Demuestre este movimiento cada vez que mencione lo que representa.

Puntos principales en orden

Diga: **Hoy continuamos nuestro estudio en 1 Samuel. Por eso empaqué nuestra bolsa de viaje con las herramientas que necesitaremos.**

Hoy comenzamos con... Desempaque los objetos mientras cuenta la historia.

1. Haga una cara triste. Diga: **Samuel murió, y los israelitas estaban muy tristes.**
2. Pan o comida. Diga: **Un hombre rico, llamado Nabal, y su mujer, Abigaíl, habitaban en Maón. Nabal era necio y malvado, pero su esposa era inteligente y hermosa. Los hombres de David habían protegido y sido amables con los pastores de Nabal. Entonces, David hizo que sus hombres le pidieran comida a Nabal. Nabal se negó a ayudar y les dijo que no conocía a David, a pesar de que David iba a ser el próximo rey.**
3. Apriete las manos y cierre los puños. **Los hombres de David le contaron acerca de su encuentro con Nabal. Eso hizo enojar a David. David decidió matar a todos los hombres de la familia de Nabal.**
4. **Pasas** de uva. **Uno de los sirvientes de Nabal le dijo a Abigaíl sobre la respuesta de Nabal a David. Abigaíl tomó 200 tortas de higos, 200 panes, cinco ovejas, 100 tortas de pasas y otras provisiones para David y sus hombres. No se lo dijo a Nabal. Cuando Abigaíl vio a David, ella asumió la culpa por lo que su esposo había hecho. Ella le dio a David las provisiones. David estaba agradecido y decidió no matar a Nabal ni a sus hombres. Abigaíl impidió que David cometiera un pecado horrible. Abigaíl le dijo a Nabal lo que había hecho. Se enfermó y murió 10 días después. Después de eso, David y Abigaíl se casaron.**
5. Movimiento de memorización. Haga que los estudiantes extiendan sus manos derechas como si estuvieran dando algo a otra persona. Diga: **Abigail le dio a David lo que necesitaba.**

Diga: **Ahora es su turno de contar la historia.** Devuelva los objetos a la bolsa. Invite a los niños a turnarse. Elija un voluntario para tomar un objeto de la bolsa sin mirar y que luego explique lo

Estudios Bíblicos para Niños
www.KidzFirstPublications.org

1 y 2 de Samuel

significa/representa. O puede elegir repasar uno de los movimientos de memorización y explicar lo que representa. Después de que los niños retiren todos los objetos y los expliquen, pídale a un voluntario que los coloque en el orden correcto de la historia.

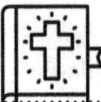 LECCIÓN BÍBLICA

Consejos para el maestro

Cuando lea el estudio bíblico enfatice estas ideas.

- Recuerde a los niños que interactúan con sus amigos y familiares todos los días. A menudo, encontrarán oportunidades para ayudar a otros a resolver problemas.
- Aliente a los niños a buscar la dirección de Dios cuando ayuden a otros a hacer las paces. Dios quiere que seamos pacificadores con Su ayuda.
- Hay algunos problemas que los niños no son capaces de resolver. Sin embargo, los niños pueden orar para que Dios ayude a esas personas.

Lea las Escrituras

Diga: **Dios bendice a los pacificadores. Un pacificador trata de ayudar a las personas que están enojadas o molestas con los demás.**

Lea 1 Samuel 25:1-42 en voz alta. Puede optar por utilizar los objetos y los movimientos para enfatizar los puntos principales.

Preguntas de discusión

Discuta la historia y haga a los niños las siguientes preguntas. Recuerde que puede no haber una respuesta correcta o incorrecta.

1. **El nombre de Nabal significaba «necio». ¿Qué decisión en esta historia tomó que fuera necia?**
2. **Abigaíl era pacificadora. Un pacificador es alguien que ayuda a las personas a resolver sus desacuerdos. ¿Cómo hizo Abigaíl las paces en esta historia bíblica?**
3. **¿Cómo se relaciona el versículo para memorizar de hoy, Romanos 12:18, con esta historia?**

Reflexión final

Esta es la reflexión que quiere que los niños recuerden.

Diga: **Dios quiere que Su pueblo sean pacificadores. Cuando intentan ser pacificadores, es posible que encuentren que algunos desacuerdos son demasiado difíciles de resolver por su cuenta. Cuando eso suceda, busquen a una persona sabia que los ayude a hacer las paces. Pueden empezar a ser pacificadores hoy. Piensen en algunos desacuerdos entre personas que puedan ayudar a resolver. No olviden pedirle a Dios Su sabiduría y ayuda.**

 PRÁCTICA DEL VERSÍCULO PARA MEMORIZAR

Si es posible, y en cuanto dependa de ustedes, vivan en paz con todos. Romanos 12:18

Vea las «actividades del versículo para memorizar» para sugerencias que ayuden a los niños a aprender el versículo para memorizar.

 ## ACTIVIDADES ADICIONALES

Las siguientes son actividades opcionales que puede utilizar para ayudar a los niños a comprender mejor la lección de hoy.

1. Diga: **Abigaíl fue una heroína. Ayudó a David durante un momento de necesidad. ¿Quién es su héroe? Su héroe podría ser alguien en su vida que ha mostrado compasión y ha ayudado a otros.** Ayude a los niños a escribir una nota de agradecimiento o a hacer un póster sobre esta persona para mostrar su aprecio.

2. Abigaíl fue una pacificadora entre David y su familia. Lee Hechos 9:26-31. Pregunta, **¿en qué era Bernabé como Abigaíl?** Lea Hechos 6:1-7. Pregunte: **¿Cómo resolvieron los doce discípulos el problema con las viudas?**

Ser un pacificador

Un pacificador es alguien que ayuda a las personas a resolver sus desacuerdos. Abigaíl fue una pacificadora entre David y su familia. Hoy aprenderemos sobre los pacificadores.

Anime a los niños a pensar en algunos problemas que enfrentan en sus relaciones. Algunos ejemplos podrían ser un amigo que difunde rumores sobre ti o un mejor amigo que está enojado contigo porque pasas más tiempo con una nueva persona en la escuela.

Pida a los niños que representen los escenarios. Luego, pida a la clase que ayude a determinar cómo un niño podría ser un pacificador en cada situación. Actúe la resolución. Hable sobre formas de ser pacificadores. Enfatice que algunos problemas son demasiado difíciles de manejar para un niño sin la ayuda de un adulto. Dé ejemplos de momentos en que los niños deben pedir la ayuda de un adulto.

 ## ACTIVIDAD PARA NIÑOS MAYORES

En la pizarra o en un papel grande, escriba estas palabras, pero revuelva el orden de las letras. Por ejemplo, deletree «HERMOSO» como «OMERHOS».

- NECIO, PACIFICADOR, MALHUMORADO, HERMOSA, INTELIGENTE, MALVADO

Pida a los niños que descifren la palabra. Una vez que lo hagan, pregunte si la palabra describe a Abigaíl o a Nabal.

 ## ESGRIMA BÍBLICO

Consulte la sección «Preguntas de repaso» para las preguntas de práctica rojas y azules para esta lección.

LECCIÓN 16

POR FIN REY

1 SAMUEL 31:1-6; 2 SAMUEL 2:1-17; 3:1; 5:1-5

VERSÍCULO PARA MEMORIZAR

«Señor mi Dios, tú que le has prometido tanta bondad a tu siervo, ¡tú eres Dios, y tus promesas son fieles!»

2 Samuel 7:28

VERDADES SOBRE DIOS

*Esta lección enseñará las siguientes verdades sobre Dios. El asterisco * indica la verdad principal que debe enseñar a los niños.*

* * Dios hace lo que dice que hará.
* Dios recompensa a los que le obedecen.

ENFOQUE Y RESUMEN DE LA LECCIÓN

En este estudio, los niños aprenderán que Dios siempre cumple sus promesas.

1. Los filisteos mataron a los tres hijos de Saúl. Saúl se suicidó cuando los filisteos fueron tras él.
2. Dios ordenó a David que se mudara a Hebrón. Allí fue ungido rey sobre Judá y reinó siete años y seis meses.
3. La casa de Saúl peleó contra la casa de David. David ganó.
4. David fue ungido rey sobre Israel y Judá. Reinó en Jerusalén durante 33 años.

ANTECEDENTES BÍBLICOS

Los filisteos atacaron y derrotaron a los israelitas. En el combate, los filisteos mataron a Jonatán y a dos de sus hermanos, e hirieron a Saúl. Para evitar más dolor, Saúl se suicidó. Resulta irónico que, después de estar tan paranoico por la posibilidad de que otros lo traicionaran, Saúl acabara matándose.

La tribu de Judá ungió a David como su rey, pero las tribus en el norte de Israel no lo aceptaron como su rey. Abner, jefe del ejército de Saúl, nombró a Isboset, hijo de Saúl, rey sobre los israelitas. David pudo luchar contra Isboset por el derecho a ser el rey sobre todos los israelitas porque Dios no ungió a Isboset.

Después de la muerte de Isboset, las tribus del norte le pidieron a David que fuera su rey. David se convirtió en rey sobre todos los israelitas.

A pesar de las pruebas que David enfrentó, perseveró, y Dios cumplió la promesa que le hizo a David.

¿SABÍAS QUE...?

Isboset era el último hijo que quedaba de Saúl. Tenía cuarenta años cuando se convirtió en rey en el norte y reinó durante dos años. Tomó mucho tiempo para que la promesa de Dios a David se cumpliera.

VOCABULARIO

Personas

Abner era el comandante del ejército de Saúl.

Isboset era hijo de Saúl. Abner lo nombró rey de Israel.

Joab era el comandante del ejército de David.

Lugares

El monte Guilboa era una cordillera de montañas a unos 30 kilómetros al oeste del río Jordán.

Hebrón era una ciudad al suroeste de Jerusalén. David vivió allí mientras era rey de Judá durante siete años y seis meses.

La casa de Judá fue una de las dos naciones que formaron las tribus de Israel. La nación de Judá reconoció a David como el rey. La otra nación reconoció a Isboset.

NARRACIÓN DE LA HISTORIA

Cada semana necesitará los siguientes objetos.

1. Algo para transportar cosas como una pequeña bolsa de viaje.
2. Un contenedor para almacenar los objetos de la historia de cada semana (puede ser una bolsa, un cesto o una caja).

Para la historia de hoy, también necesitará los siguientes objetos.

3. Espada o un palo
4. Corona

Antes de la clase

1. Lea 1 Samuel 36:1-6; 2 Samuel 2:1-17; 3:1; 5:1-5
2. Reúna los objetos de la historia de hoy. Sustituya los objetos no disponibles por una imagen.
3. Pase todos los objetos de la lección anterior de la bolsa de viaje al contenedor de almacenamiento. Coloque este contenedor al lado del área de narración de la historia.
4. Coloque los objetos de la historia de hoy dentro de la bolsa de viaje. Ponga la bolsa de viaje en el área de narración de la historia.

Sigue al líder

Dígales a los niños que se pongan en línea recta, uno detrás del otro. Elija a un niño para que sea el líder. Dígales a los niños que deben observar al líder e imitar todo lo que haga. El líder conducirá el grupo alrededor del aula. Debe utilizar diferentes gestos con las manos, sonidos o movimientos para que los niños los imiten. Por ejemplo, el líder puede caminar con pasos de bebé, pasos grandes o saltos. Termine el juego en el área de narración de la historia.

Repaso opcional de la lección

Pida a un voluntario que seleccione un objeto del contenedor y que explique lo que representaba en la lección anterior.

Narración de la historia

Lea estas instrucciones antes de comenzar.

1. Concéntrese en los puntos principales mientras cuenta la historia con sus propias palabras. Saque un objeto de la bolsa para ilustrar cada punto. Si se siente cómodo, incluya más detalles. Si es necesario, puede utilizar el guion sugerido.
2. Mientras cuenta la historia, muestre cada objeto en orden. Coloque el objeto donde los niños puedan verlo.
3. Después de contar la historia, vuelva a colocar todos los objetos dentro de la bolsa.
4. Para repasar la historia, pida a un voluntario que saque un objeto de la bolsa y diga lo que representa. Repita este proceso con todos los objetos hasta que los niños puedan volver a contar la historia por completo.
5. Repase el "movimiento de memorización" que se describe a continuación. Haga este movimiento cada vez que mencione lo que representa.

Puntos principales en orden

Diga: **Hoy continuamos nuestro estudio en 1 Samuel y 2 de Samuel. Por eso empaqué nuestra bolsa de viaje con las herramientas que necesitaremos. Hoy comenzamos con...** Desempaque los objetos mientras cuenta la historia.

1. Sostenga la espada o una imagen de una espada. Diga: **Tres de los hijos de Saúl murieron en una batalla contra los filisteos. Después de que Saúl se lesionó, se suicidó.**
2. **David se mudó a Hebrón. Y los varones de Judá le ungieron por rey en Judá. Reinó sobre Judá 7 años y 6 meses.**
3. **Isboset, hijo de Saúl, comenzó a reinar en Israel. La casa de Saúl y la casa de David lucharon entre sí. La Casa de David ganó.**
4. Corona. Diga: **Después de la muerte de Isboset, las tribus del norte aceptaron a David como rey. Así que los ancianos lo ungieron como rey sobre todo Israel en Jerusalén. Reinó sobre Israel y Judá 33 años. David fue rey durante un total de 40 años.**
5. Movimiento de memorización. Pida a los estudiantes que hagan un círculo con las manos y lo pongan en la parte superior de la cabeza, como si se pusieran una corona. Diga: **David se convirtió en rey.**

Diga: **Ahora es su turno de contar la historia.** Devuelva los objetos a la bolsa. Invite a los niños a turnarse. Elija un voluntario para tomar un objeto de la bolsa sin mirar y que luego explique lo que significa/representa. O puede elegir repasar uno de los movimientos de memorización y explicar lo que representa. Después de que los niños retiren todos los objetos y los expliquen, pídale a un voluntario que los coloque en el orden correcto de la historia.

 LECCIÓN BÍBLICA

Consejos para el maestro

Cuando lea el estudio bíblico enfatice estas ideas.

- Tenga en cuenta que algunos aspectos de la historia de David pueden confundir a los niños. Lo importante que los niños deben saber es que Dios cumplió su promesa a David. Por la paciencia y obediencia de David, Dios cumplió su promesa de que David sería el próximo rey. Recuerde a los niños que Dios también cumple sus promesas hoy.

Lea las Escrituras

Diga: **Dios hace lo que dice que hará. Dios le prometió a David que él sería rey. Finalmente, David se convirtió en rey. Obedeció a Dios, esperó pacientemente, y confió que Dios cumpliría Su palabra.**

Lea 1 Samuel 31:1-6; 2 Samuel 2:1-17; 3:1; 5:1-5 en voz alta. Puede optar por utilizar los objetos y los movimientos para enfatizar los puntos principales.

Preguntas de discusión

Discuta la historia y haga a los niños las siguientes preguntas. Recuerde que puede no haber una respuesta correcta o incorrecta.

1. ¿Quién murió en la batalla en el Monte Guilboa? ¿Por qué Saúl decidió suicidarse?
2. Lea 2 Samuel 2:1. **¿Qué dice la pregunta de David a Dios acerca de su relación con Él? ¿En qué se diferencia la respuesta de David a Dios de las respuestas anteriores de Saúl a Dios?**
3. Las tribus del norte no apoyaron a David como su rey. **¿A quién nombró Abner como rey? ¿Por qué creen que Abner lo eligió para ser el rey? ¿Crees que Abner tomó la decisión correcta cuando eligió a Isboset para ser rey?**
4. Cuando la casa de Saúl y la casa de David pelearon, **¿quién ganó? ¿Por qué creen que ganó?**

Reflexión final

Esta es la reflexión que quiere que los niños recuerden.

Dios le prometió a David que él sería rey. David esperó pacientemente, y confió que Dios cumpliría Su palabra. Finalmente, David se convirtió en rey. A veces sus amigos o familiares pueden no cumplir sus promesas. Sin embargo, Dios siempre cumple Sus promesas. Confíen en Dios y tengan paciencia. Ustedes verán que Dios hace lo que Él dice que hará.

 PRÁCTICA DEL VERSÍCULO PARA MEMORIZAR

«Señor mi Dios, tú que le has prometido tanta bondad a tu siervo, ¡tú eres Dios, y tus promesas son fieles!» 2 Samuel 7:28

Vea las «actividades del versículo para memorizar» para sugerencias que ayuden a los niños a aprender el versículo para memorizar.

 ## ACTIVIDADES ADICIONALES

Las siguientes son actividades opcionales que puede utilizar para ayudar a los niños a comprender mejor la lección de hoy.

1. Estudie estos pasajes que describen a David: 1 Samuel 13:14, 15:28, 16:11-13, 16:18 y 17:33-40. Ayude a los niños a hacer un dibujo de cómo creen que se veía David. Luego, escriba las características de David alrededor de la imagen.

Juego – Espera y ve

Indique a los niños que se alineen a unos 100 metros de usted. Si juega en una habitación grande, pida a los niños que se alineen a lo largo de una pared. Usted se parará contra la pared opuesta. Mientras usted esté de pie frente a los niños, ellos deben permanecer en su lugar. Cuando usted les dé la espalda a los niños, podrán acercarse hacia usted. Sin embargo, en cuanto se gire de nuevo para mirar a los niños, éstos deben detenerse inmediatamente. Si ve que alguno de los niños se mueve, enviará a los niños que se mueven de vuelta a la línea de partida. Continúe girando hacia adelante y hacia atrás hasta que un niño toque su brazo. Repita el juego hasta el tiempo que tenga disponible.

Diga: Durante el juego, esperaron a que me diera la vuelta para poder venir hacia mí. David también esperó. David esperó a que Dios cumpliera su promesa de hacerlo rey.

 ## ACTIVIDAD PARA NIÑOS MAYORES

Dios cumplió su promesa a David de que él sería rey de Israel.

Divida a los niños mayores en grupos más pequeños y asigne a cada uno una historia sobre otras promesas que Dios haya cumplido: Génesis 9:8-17, 21:1-7, Éxodo 3:7-8, Jeremías 32:20-23 y Hechos 13:21-37.

Pida a cada grupo que responda a estas preguntas: ¿Cuánto tiempo esperaron algunas de estas personas para que Dios cumpliera su promesa? ¿Cómo creen que se sintieron mientras esperaban en Dios? Indique a los grupos que hagan un resumen de la promesa de Dios y lo escriban en una hoja de papel. Ayúdelos a decorar el papel como deseen. Diga: **Mantendremos estas promesas en un lugar especial. Recuerde que Dios siempre cumple sus promesas.** Ponga los papeles en la habitación y déjelos por unas semanas.

ESGRIMA BÍBLICO

Consulte la sección «Preguntas de repaso» para las preguntas de práctica rojas y azules para esta lección.

LECCIÓN 17

LA OBEDIENCIA TRAE CONSIGO BENDICIONES
2 SAMUEL 5:6 – 6:19

VERSÍCULO PARA MEMORIZAR

El Señor es mi pastor, nada me falta. En verdes pastos me hace descansar. Junto a tranquilas aguas me conduce; me infunde nuevas fuerzas. Me guía por sendas de justicia por amor a su nombre.

Salmo 23:1-3

VERDADES SOBRE DIOS

Esta lección enseñará las siguientes verdades sobre Dios. El asterisco * indica la verdad principal que debe enseñar a los niños.

* Dios bendice nuestra obediencia a él.
- Dios a veces hace cosas que no entendemos.
- Dios espera que respetemos y obedezcamos sus mandamientos.

ENFOQUE Y RESUMEN DE LA LECCIÓN

En este estudio, los niños aprenderán que Dios quiere que lo obedezcamos y lo honremos.

1. David conquistó Jerusalén y la llamó la Ciudad de David.
2. David derrotó a los filisteos en dos grandes batallas.
3. David comenzó a llevar el arca del pacto a Jerusalén. Uza la tocó para evitar que cayera, y murió.
4. David tuvo miedo del arca y la envió a la casa de Obed Edom. Después llevó el arca a Jerusalén.

ANTECEDENTES BÍBLICOS

Jerusalén era perfecta para una ciudad capital. Estaba en una ubicación céntrica. Sería fácil para los ejércitos de David defenderla. David viajó a Jerusalén, y tomó el control de la ciudad de los jebuseos.

Hiram, rey de Tiro, honró a David como el rey legítimo de los israelitas, y le construyó un palacio a David. Esto era importante, porque ahora Israel era reconocido como una nación legítima por una potencia extranjera rica. David se dio cuenta de que las bendiciones que recibió de Dios eran por el bien de los israelitas.

David decidió llevar el arca de Dios a Jerusalén. Los israelitas no honraron a Dios en la forma en que trataron el arca. Los israelitas eligieron poner el arca en un carro en lugar de llevar el arca como Dios había instruido (ver 1 Crónicas 15:13-15). Cuando el carro tropezó, Uza se acercó para estabilizarlo, e inmediatamente murió. Dios le recordó a David y a los israelitas que esperaba que obedecieran sus mandamientos.

¿SABÍAS QUE...?

La Biblia tiene más de 70 nombres para la ciudad de Jerusalén, incluyendo la Ciudad de David, Sion, y la Ciudad del Gran Rey.

VOCABULARIO

Palabras de fe

Una **bendición** es una acción o palabras que traen placer, satisfacción o buena fortuna. Dios bendijo a David por su obediencia a Él.

Personas

Los **jebuseos** eran los habitantes de la ciudad de Jebús. Jebús era el antiguo nombre de Jerusalén.

Abinadab guardó el arca en su casa después de que los filisteos la devolvieran (1 Samuel 7:1).

Uza y **Ajío** eran los hijos de Abinadab. Uza murió porque tocó el arca.

Obed Edom guardó el arca en su casa durante tres meses antes de que David la trasladara a Jerusalén.

Lugares

Jerusalén era la ciudad que David eligió para ser la capital de Israel.

La Ciudad de David es otro nombre para Jerusalén.

El **valle de Refayin** era el valle entre Jerusalén y Belén.

NARRACIÓN DE LA HISTORIA

Cada semana necesitará los siguientes objetos.

1. Algo para transportar cosas como una pequeña bolsa de viaje.
2. Un contenedor para almacenar los objetos de la historia de cada semana (puede ser una bolsa, un cesto o una caja).

Para la historia de hoy, también necesitará los siguientes objetos.

3. Foto o mapa de Jerusalén
4. Dos hojas de papel
5. Caja o palitos de helado para representar el arca

Antes de la clase

1. Lea 2 Samuel 5:6 — 6:19

2. Reúna los objetos de la historia de hoy. Sustituya los objetos no disponibles por una imagen.
3. Pase todos los objetos de la lección anterior de la bolsa de viaje al contenedor de almacenamiento. Coloque este contenedor al lado del área de narración de la historia.
4. Coloque los objetos de la historia de hoy dentro de la bolsa de viaje. Ponga la bolsa de viaje en el área de narración de la historia.

Sigue al líder

Dígales a los niños que se pongan en línea recta, uno detrás del otro. Elija a un niño para que sea el líder. Dígales a los niños que deben observar al líder e imitar todo lo que haga. El líder conducirá el grupo alrededor del aula. Debe utilizar diferentes gestos con las manos, sonidos

o movimientos para que los niños los imiten. Por ejemplo, el líder puede caminar con pasos de bebé, pasos grandes o saltos. Termine el juego en el área de narración de la historia.

Repaso opcional de la lección

Pida a un voluntario que seleccione un objeto del contenedor y que explique lo que representaba en la lección anterior.

Narración de la historia

Lea estas instrucciones antes de comenzar.

1. Concéntrese en los puntos principales mientras cuenta la historia con sus propias palabras. Saque un objeto de la bolsa para ilustrar cada punto. Si se siente cómodo, incluya más detalles. Si es necesario, puede utilizar el guion sugerido.
2. Mientras cuenta la historia, muestre cada objeto en orden. Coloque el objeto donde los niños puedan verlo.
3. Después de contar la historia, vuelva a colocar todos los objetos dentro de la bolsa.
4. Para repasar la historia, pida a un voluntario que saque un objeto de la bolsa y diga lo que representa. Repita este proceso con todos los objetos hasta que los niños puedan volver a contar la historia por completo.
5. Repase el "movimiento de memorización" que se describe a continuación. Haga este movimiento cada vez que mencione lo que representa.

Puntos principales en orden

Diga: **Hoy continuamos nuestro estudio en 2 de Samuel. Por eso empaqué nuestra bolsa de viaje con las herramientas que necesitaremos. Hoy comenzamos con…** Desempaque los objetos mientras cuenta la historia.

1. Imagen de Jerusalén. Diga: **David y sus hombres atacaron a los jebuseos. Conquistaron su ciudad y la llamaron Jerusalén, la Ciudad de David. El Señor estaba con David y se hizo cada vez más poderoso.**
2. Sostenga las dos hojas de papel. Diga: **Dos veces vinieron los filisteos a atacar a David. En ambas ocasiones David le preguntó al Señor qué hacer, siguió sus instrucciones y los derrotó. El Señor ayudó a David porque David le obedeció.**
3. Extienda la mano como si tocara algo. **El pueblo estaba celebrando cuando llevaban el arca de la casa de Abinadab a Judá. Pero pusieron el arca en un carro en lugar de llevarla como Dios mandó. Cuando un buey tropezó, Uza extendió la mano y tocó el arca. Dios lo hirió porque no mostró respeto al arca ni a Dios.**
4. Arca. Diga: **David tuvo miedo de Dios y no quiso llevar el arca a la Ciudad de David. Así que llevaron el arca a la casa de Obed Edom. El arca permaneció allí durante tres meses y el Señor bendijo a Obed Edom y a su familia. Cuando David oyó esto, fue allí y llevó el arca a la Ciudad de David. Se regocijó y sacrificó ofrendas delante del Señor.**
5. Movimiento de memorización. Pida a los estudiantes que levanten la mano en señal de alabanza. Diga: **David se regocijó cuando el arca llegó a Jerusalén.**

Diga: **Ahora es su turno de contar la historia.** Devuelva los objetos a la bolsa. Invite a los niños a turnarse. Elija un voluntario para tomar un objeto de la bolsa sin mirar y que luego explique lo que significa/representa. O puede elegir repasar uno de los movimientos de memorización y explicar lo que representa. Después de que los niños retiren todos los objetos y los expliquen, pídale a un voluntario que los coloque en el orden correcto de la historia.

Estudios Bíblicos para Niños
www.KidzFirstPublications.org

LECCIÓN BÍBLICA

Consejos para el maestro

Cuando lea el estudio bíblico enfatice estas ideas.

Recuerde que muchos niños luchan con la obediencia. A veces les resulta difícil obedecer a los maestros, padres y otras autoridades. Del mismo modo, es muy importante para ellos obedecer a Dios.

- Algunos niños pueden tener dificultades para aceptar la dureza del castigo de los israelitas por manejar mal el arca de Dios. Recuérdeles que el arca era uno de los pocos objetos mencionados en la Biblia que merecían un alto nivel de respeto.
- Anime a los niños a hablar con usted u otro adulto si tienen dudas sobre obedecer a Dios en una situación específica.

Lea las Escrituras

Diga: **podemos esperar las bendiciones de Dios sólo cuando le obedecemos. Dios quiere que le obedezcamos y respetemos todo el tiempo. Si ustedes se lo piden, Él le ayudará a hacer precisamente eso.**

Lea 2 Samuel 5:6 — 6:19 en voz alta. Puede optar por utilizar los objetos y los movimientos para enfatizar los puntos principales.

Preguntas de discusión

Discuta la historia y haga a los niños las siguientes preguntas. Recuerde que puede no haber una respuesta correcta o incorrecta.

1. Lea 2 Samuel 5:10. Pregunte, **¿En qué se diferencia esta descripción de la relación de David con Dios de las descripciones que conocemos de la relación de Saúl con Dios?**
2. **¿Por qué murió Uza? ¿Cómo creen que los israelitas respondieron a Dios después de la muerte de Uza? ¿Cómo respondió David? ¿Qué significa irreverente? ¿Por qué fue irreverente lo que hizo Uza?**
3. **¿Por qué David quería llevar el arca de la casa de Obed Edom a su palacio? ¿Qué hizo mientras llevaba el arca a Jerusalén?**

Reflexión final

Esta es la reflexión que quiere que los niños recuerden.

Diga: **los israelitas experimentaron muchas bendiciones de Dios. Tenían una ciudad capital y un nuevo palacio para el rey David. David estaba ansioso por llevar el arca de Dios a Jerusalén. El arca era el símbolo de la presencia de Dios. Sin embargo, los israelitas no obedecieron los mandamientos de Dios sobre el arca, por lo que no honraron a Dios. Dios quiere que le obedezcamos y le mostremos honor en todo momento. Si le piden a Dios, Él los ayudará a honrarlo.**

PRÁCTICA DEL VERSÍCULO PARA MEMORIZAR

El Señor es mi pastor, nada me falta. En verdes pastos me hace descansar. Junto a tranquilas aguas me conduce; me infunde nuevas fuerzas. Me guía por sendas de justicia por amor a su nombre. Salmo 23:1-3.

Vea las «actividades del versículo para memorizar» para sugerencias que ayuden a los niños a aprender el versículo para memorizar.

ACTIVIDADES ADICIONALES

Los versículos para memorizar para los próximos tres estudios vendrán del Salmo 23. Deles cartulina y marcadores a los niños. Anime a los niños a crear una ilustración del Salmo 23 usando imágenes en lugar de las palabras donde sea apropiado.

Juego – Es fácil

Necesitará lo siguiente:

- Dos objetos pequeños cualesquiera, como plumas, canicas, monedas, bolas de algodón, globos inflados, rocas o libros

Organice a los niños en dos equipos del mismo tamaño. Marque una línea de salida y una línea de meta para esta carrera. Entregue a cada equipo uno de los objetos pequeños.

Diga: **cuando les diga que comiencen, el primer corredor en cada línea debe equilibrar el objeto en el dorso de una mano y correr hacia la línea de meta. Entonces el corredor se dará la vuelta y volverá a la línea de salida. El objeto debe permanecer equilibrado en el dorso de la mano hasta que el corredor regrese a la línea de salida. Si el objeto cae, el corredor debe recoger el objeto y comenzar de nuevo en la línea de salida. Una vez que el corredor haya regresado con éxito a la línea de salida, el siguiente corredor en la línea equilibrará el objeto con una mano y completará la carrera.**

Deje que cada niño complete la carrera. Aliente a los compañeros de equipo a animar a su equipo. Cuando se complete la carrera, los equipos se darán la mano y se felicitarán mutuamente. ¡Todos son ganadores por completar la carrera!

Diga: **fue difícil para algunos de ustedes equilibrar el objeto en el dorso de su mano. Imaginen que el objeto que equilibraron hoy fuera un tesoro especial. Lo manejarían con cuidado y respeto. Los israelitas llevaban un tesoro, el arca de Dios. Hoy, aprenderemos acerca de un tiempo en que uno de los israelitas no respetó el arca de Dios.**

ACTIVIDAD PARA NIÑOS MAYORES

David capturó Jerusalén, y la llamó la Ciudad de David. Usando una enciclopedia o Internet, investigue la población, la extensión, el terreno, las ocupaciones comunes y los arreglos típicos de vivienda de Jerusalén. Haga un cuadro comparativo entre cómo era la ciudad durante la época de David y cómo es hoy.

Estudios Bíblicos para Niños
www.KidzFirstPublications.org

1 y 2 de Samuel

 ESGRIMA BÍBLICO

Consulte la sección «Preguntas de repaso» para las preguntas de práctica rojas y azules para esta lección.

LECCIÓN 18

CHARLA EN EL TEMPLO
2 SAMUEL 7:1-29

VERSÍCULO PARA MEMORIZAR

Aun si voy por valles tenebrosos, no temo peligro alguno porque tú estás a mi lado; tu vara de pastor me reconforta.

Salmo 23:4

VERDADES SOBRE DIOS

*Esta lección enseñará las siguientes verdades sobre Dios. El asterisco * indica la verdad principal que debe enseñar a los niños.*

* * Dios es fiel a su pueblo.
* Dios merece nuestra alabanza y gratitud por su bondad y fidelidad.

ENFOQUE Y RESUMEN DE LA LECCIÓN

En este estudio, los niños aprenderán que Dios nos bendice cuando buscamos honrarlo. • Dios merece nuestra alabanza y gratitud por su bondad y fidelidad.

1. David quería construir un templo para Dios.
2. Dios envió a Natán, el profeta, para decirle a David que no debía construir un templo.
3. Dios le prometió a David que su reino perduraría.
4. David alabó a Dios por las promesas que le hizo.

 ## ANTECEDENTES BÍBLICOS

David pensó que el arca de Dios debía descansar en un templo en lugar de en una tienda. El arca era el trono de Dios, y Dios era el rey supremo de los israelitas. David quería que Dios recibiera un mayor honor.

El paso de un tabernáculo móvil a un lugar fijo es adecuado porque los días de peregrinación de Israel habían terminado. Ahora, Israel era un reino establecido. David tenía la intención de guiar a los israelitas de forma que fueran fieles a su pacto con Dios. Un templo permanente para el arca de Dios sería una señal para los israelitas de que David deseaba que Dios fuera una presencia permanente en sus vidas.

Dios estaba complacido por el deseo de David de honrarlo. Dios prometió darle más bendiciones a David. Sin embargo, no permitió que David construyera el templo. En cambio, Dios planeó darle a David un hijo, Salomón, quien lo construiría.

Dios prometió nunca quitarle su amor a David y a su descendencia. Dios le prometió a David que el reino que Dios establecería a través de David sería un reino eterno.

¿SABÍAS QUE...?

Aunque David no construyó el templo, sí recaudó los materiales para él (véase 1 Crónicas 22:14).

VOCABULARIO

Personas

Natán fue un profeta que le dio a David muchos mensajes de Dios.

Cosas

Un **palacio de cedro** era el palacio que Hiram rey de Tiro le construyó a David. El cedro es un árbol que crece hasta 30 metros de altura. Era perfecto para proyectos de construcción porque la madera no se pudría.

Una **tienda de campaña a manera de santuario** significa el tabernáculo que los israelitas construyeron después de salir de Egipto. Contenía el arca de Dios.

Establecer una casa para David significa que Dios establecería una dinastía real a través de David.

NARRACIÓN DE LA HISTORIA

Cada semana necesitará los siguientes objetos.

1. Algo para transportar cosas como una pequeña bolsa de viaje.
2. Un contenedor para almacenar los objetos de la historia de cada semana (puede ser una bolsa, un cesto o una caja).

Para la historia de hoy, también necesitará los siguientes objetos.

3. Martillo
4. Tarjeta de agradecimiento

Antes de la clase

1. Lea 2 Samuel 7:1-29
2. Reúna los objetos de la historia de hoy. Sustituya los objetos no disponibles por una imagen.
3. Pase todos los objetos de la lección anterior de la bolsa de viaje al contenedor de almacenamiento. Coloque este contenedor al lado del área de narración de la historia.
4. Coloque los objetos de la historia de hoy dentro de la bolsa de viaje. Ponga la bolsa de viaje en el área de narración de la historia.

Sigue al líder

Dígales a los niños que se pongan en línea recta, uno detrás del otro. Elija a un niño para que sea el líder. Dígales a los niños que deben observar al líder e imitar todo lo que haga. El líder conducirá el grupo alrededor del aula. Debe utilizar diferentes gestos con las manos, sonidos o movimientos para que los niños los imiten. Por ejemplo, el líder puede caminar con pasos de bebé, pasos grandes o saltos. Termine el juego en el área de narración de la historia.

Repaso opcional de la lección

Pida a un voluntario que seleccione un objeto del contenedor y que explique lo que representaba en la lección anterior.

Narración de la historia

Lea estas instrucciones antes de comenzar.

1. Concéntrese en los puntos principales mientras cuenta la historia con sus propias palabras. Saque un objeto de la bolsa para ilustrar cada punto. Si se siente cómodo, incluya más detalles. Si es necesario, puede utilizar el guion sugerido.
2. Mientras cuenta la historia, muestre cada objeto en orden. Coloque el objeto donde los niños puedan verlo.
3. Después de contar la historia, vuelva a colocar todos los objetos dentro de la bolsa.
4. Para repasar la historia, pida a un voluntario que saque un objeto de la bolsa y diga lo que representa. Repita este proceso con todos los objetos hasta que los niños puedan volver a contar la historia por completo.
5. Repase el "movimiento de memorización" que se describe a continuación. Haga este movimiento cada vez que mencione lo que representa.

Puntos principales en orden

Diga: **Hoy continuamos nuestro estudio en 2 de Samuel. Por eso empaqué nuestra bolsa de viaje con las herramientas que necesitaremos. Hoy comenzamos con...** Desempaque los objetos mientras cuenta la historia.

1. Martillo. Diga: **David vivía en un palacio. Ahora quería construir un templo para el arca de Dios.**
2. **Esa noche el Señor le dijo a Natán que le dijera a David que no construyera un templo para Él. Entonces el Señor le dijo a Natán que le recordara a David todo lo que Dios había hecho por él.**
3. **Por medio de Natán el Señor le dio a David esta promesa: el nombre de David seguiría perdurando y siendo grande. Su familia continuaría en el trono. El Señor dijo que el hijo de David construiría un templo para el arca.**
4. Tarjeta de agradecimiento. **David oró al Señor y le dio las gracias. David se sintió honrado de que Dios lo hubiera hecho rey y humilde de que Dios le dijera el futuro de su familia. En su oración, David le pidió a Dios que cumpliera sus promesas, para que Dios fuera honrado y alabado en las generaciones venideras.**
5. Movimiento de memorización. Haga que los estudiantes inclinen la cabeza y junten las manos en señal de oración. Diga: **David oró a Dios.**

Diga: **Ahora es su turno de contar la historia.** Devuelva los objetos a la bolsa. Invite a los niños a turnarse. Elija un voluntario para tomar un objeto de la bolsa sin mirar y que luego explique lo que significa/representa. O puede elegir repasar uno de los movimientos de memorización y explicar lo que representa. Después de que los niños retiren todos los objetos y los expliquen, pídale a un voluntario que los coloque en el orden correcto de la historia.

LECCIÓN BÍBLICA

Consejos para el maestro

Cuando lea el estudio bíblico enfatice estas ideas.

- Recuerde que muchos niños no entienden lo que es la guerra. Aunque hubo momentos en que la guerra era necesaria, el deseo de Dios es la paz. Dios quería un rey pacífico para construir su templo. Vea 1 Crónicas 22:7-10 para más detalles.

Lea las Escrituras

Diga: **Dios nos bendice cuando buscamos honrarlo. Dios se complace cuando lo amamos y buscamos honrarlo porque queremos, no sólo porque tenemos que hacerlo.**

Lea 2 Samuel 7:1-29 en voz alta. Puede optar por utilizar los objetos y los movimientos para enfatizar los puntos principales.

Preguntas de discusión

Discuta la historia y haga a los niños las siguientes preguntas. Recuerde que puede no haber una respuesta correcta o incorrecta.

1. ¿Por qué Dios no pidió a los israelitas que construyeran un templo para él?
2. ¿Qué dijo Dios que hizo por David? ¿Por qué creen que Dios enumera las cosas que hizo por David?
3. ¿Por qué creen que significó tanto para David que Dios fuera a bendecir a sus descendientes? ¿Por qué David se sintió humilde cuando Dios le reveló el futuro de sus descendientes?
4. David tuvo éxito porque Dios estaba obrando en su vida. ¿Qué éxitos les ha ayudado Dios a conseguir?
5. ¿Cómo cumplió Dios su promesa de poner a uno de los descendientes de David en el trono para siempre?

Reflexión final

Esta es la reflexión que quiere que los niños recuerden.

Diga: **¿Alguna vez han hecho algo lindo para expresar su aprecio y amor por una persona? Eso es lo que David quería hacer por Dios. Dios le dio a David muchas bendiciones. David quería que Dios tuviera el más alto honor de todos. Quería construir un templo para Él. Dios tenía otros planes para la construcción del templo, pero estaba complacido con la actitud de David. No es necesario hacer grandes cosas para agradar a Dios. Le agradamos cuando lo amamos y tratamos de honrarlo.**

PRÁCTICA DEL VERSÍCULO PARA MEMORIZAR

Aun si voy por valles tenebrosos, no temo peligro alguno porque tú estás a mi lado; tu vara de pastor me reconforta. Salmo 23:4

Vea las «actividades del versículo para memorizar» para sugerencias que ayuden a los niños a aprender el versículo para memorizar.

ACTIVIDADES ADICIONALES

El Señor le dijo a Natán que no había habitado en una casa desde el día en que sacó a los israelitas de Egipto. Lea sobre el arca del pacto, la mesa, el candelabro y el tabernáculo en Éxodo 25:1 — 26:37. Ayude a los niños a dibujar uno o más de estos elementos.

Juego: Maestro, ¿puedo?

Juegue el juego de «Maestro, ¿puedo?» Pida a los niños que se alineen detrás de una línea de salida. El objetivo del juego es alcanzar la línea de meta en el lado opuesto de la habitación. Para hacer esto, los niños siempre deben recordar pedir permiso al maestro antes de completar la orden del maestro.

Al primer niño, el maestro le dará una orden, como «Da dos pasos gigantes». El niño primero debe preguntar: «Maestro, ¿puedo?» Cuando el maestro diga: "Sí, puedes", el niño sigue la orden. Si el niño no pregunta: «Maestro, ¿puedo?» y se mueve hacia adelante, él o ella debe volver a la línea de partida.

Continúe el juego dando una orden al siguiente niño. Varíe las órdenes y el número de pasos. Sea creativo en sus órdenes, como pasos gigantes, pasos de bebé, pasos saltando. Varíe el tono de su voz y la rapidez con la que da las órdenes. Juegue hasta que al menos un niño alcance la línea de meta. Si el tiempo lo permite, juegue el juego hasta que todos los niños lleguen a la línea de meta.

Diga: **Escucharon atentamente mis instrucciones, y me pidieron permiso antes de moverse. En este estudio, vemos a David volteando hacia Dios en busca de dirección e instrucción.**

ACTIVIDAD PARA NIÑOS MAYORES

El Señor dijo que haría grande el nombre de David. Desafíe a los niños mayores a ver cuántas referencias al nombre de David pueden encontrar en la Biblia. Escriba la referencia en la pizarra o en una hoja de papel. Usted puede mantener la puntuación, o simplemente ver cuántas referencias puede encontrar toda la clase.

Si los estudiantes batallan, deles pistas. Aquí hay algunos ejemplos: Mateo 1:1-17, Mateo 1:20, Lucas 1:32, Lucas 2:4, Lucas 2:11 y Lucas 3:31.

Pregunte. **¿Cuál es la razón más consistente para que el nombre de David sea mencionado en el Nuevo Testamento? ¿Qué dice esto acerca de la promesa de Dios a David?**

ESGRIMA BÍBLICO

Consulte la sección «Preguntas de repaso» para las preguntas de práctica rojas y azules para esta lección.

Estudios Bíblicos para Niños
www.KidzFirstPublications.org

LECCIÓN 19

CUMPLIENDO PROMESAS
2 SAMUEL 9:1-13

VERSÍCULO PARA MEMORIZAR

Dispones ante mí un banquete en presencia de mis enemigos. Has ungido con perfume mi cabeza; has llenado mi copa a rebosar. La bondad y el amor me seguirán todos los días de mi vida; y en la casa del Señor habitaré para siempre.

Salmo 23:5-6

VERDADES SOBRE DIOS

*Esta lección enseñará las siguientes verdades sobre Dios. El asterisco * indica la verdad principal que debe enseñar a los niños.*

* Dios cumple sus promesas y quiere que su pueblo haga lo mismo.
- Dios se preocupa por todas las personas, y quiere que nosotros nos preocupemos por ellas.

ENFOQUE Y RESUMEN DE LA LECCIÓN

En este estudio, los niños aprenderán que es importante cumplir las promesas. Dios espera que cumplamos nuestras promesas.

1. David quería mostrar bondad a la casa de Saúl en memoria de Jonatán.
2. Mefiboset, uno de los hijos de Jonatán, todavía vivía. Estaba discapacitado.
3. David le dio a Mefiboset toda la tierra de Saúl, y le permitió comer sentado a su mesa.
4. David le ordenó a Siba, el siervo de Saúl, que trabajara la tierra para Mefiboset y que produjera cosechas para él.

ANTECEDENTES BÍBLICOS

A lo largo de la historia de Israel, Dios es visto como alguien que cumple sus promesas. Dios fue fiel al pacto que hizo con los israelitas, aun cuando los israelitas no lo fueron.

David luchó contra Saúl para obtener el control sobre todas las tribus israelitas. Como el nuevo rey, David podía haber castigado a todos los miembros vivos de la familia de Saúl. Algunos reyes hicieron esto para evitar que cualquiera de los miembros vivos de la familia de un antiguo rey desafiara la realeza actual. David, sin embargo, recordó el pacto de lealtad que hizo con Jonatán (véase 1 Samuel 20:42). David eligió honrar ese pacto cuando proveyó para el único miembro restante de la familia de Saúl, Mefiboset. Era hijo de Jonatán y nieto de Saúl. David se arriesgó cuando permitió que un miembro de la familia de Saúl viviera.

Estudios Bíblicos para Niños
www.KidzFirstPublications.org

1 y 2 de Samuel

Las acciones de David hacia Mefiboset mostraron que David eligió gobernar de una manera que agradaba a Dios. David fue un hombre conforme al corazón de Dios. David cumplió su promesa a Jonatán.

 ¿SABÍAS QUE...?

Mefiboset quedó tullido a la edad de cinco años. Cuando su nodriza se enteró de que Jonatán y Saúl habían sido asesinados, temió que Mefiboset también fuera asesinado. Cuando estaban huyendo, Mefiboset se le cayó y se lastimó los pies.

VOCABULARIO

Personas

Jonatán era el hijo mayor del rey Saúl.

Siba era un siervo del rey Saúl.

Mefiboset era hijo de Jonatán y nieto de Saúl.

Cosas

Un **perro muerto** es una expresión que era común en los tiempos de la Biblia. Expresa la más extrema auto humillación. También era un insulto.

 NARRACIÓN DE LA HISTORIA

Cada semana necesitará los siguientes objetos.

1. Algo para transportar cosas como una pequeña bolsa de viaje.
2. Un contenedor para almacenar los objetos de la historia de cada semana (puede ser una bolsa, un cesto o una caja).

Para la historia de hoy, también necesitará los siguientes objetos.

3. Muletas
4. Verdura fresca, cultivo.

Antes de la clase

1. Lea 2 Samuel 9:1-13
2. Reúna los objetos de la historia de hoy. Sustituya los objetos no disponibles por una imagen.
3. Pase todos los objetos de la lección anterior de la bolsa de viaje al contenedor de almacenamiento. Coloque este contenedor al lado del área de narración de la historia.
4. Coloque los objetos de la historia de hoy dentro de la bolsa de viaje. Ponga la bolsa de viaje en el área de narración de la historia.

Sigue al líder

Dígales a los niños que se pongan en línea recta, uno detrás del otro. Elija a un niño para que sea el líder. Dígales a los niños que deben observar al líder e imitar todo lo que haga. El líder conducirá el grupo alrededor del aula. Debe utilizar diferentes gestos con las manos, sonidos o movimientos para que los niños los imiten. Por ejemplo, el líder puede caminar con pasos de bebé, pasos grandes o saltos. Termine el juego en el área de narración de la historia.

Repaso opcional de la lección

Pida a un voluntario que seleccione un objeto del contenedor y que explique lo que representaba en la lección anterior.

Narración de la historia

Lea estas instrucciones antes de comenzar.

1. Concéntrese en los puntos principales mientras cuenta la historia con sus propias palabras. Saque un objeto de la bolsa para ilustrar cada punto. Si se siente cómodo, incluya más detalles. Si es necesario, puede utilizar el guion sugerido.
2. Mientras cuenta la historia, muestre cada objeto en orden. Coloque el objeto donde los niños puedan verlo.
3. Después de contar la historia, vuelva a colocar todos los objetos dentro de la bolsa.
4. Para repasar la historia, pida a un voluntario que saque un objeto de la bolsa y diga lo que representa. Repita este proceso con todos los objetos hasta que los niños puedan volver a contar la historia por completo.
5. Repase el "movimiento de memorización" que se describe a continuación. Haga este movimiento cada vez que mencione lo que representa.

Puntos principales en orden

Diga: **Hoy continuamos nuestro estudio en 2 de Samuel. Por eso empaqué nuestra bolsa de viaje con las herramientas que necesitaremos. Hoy comenzamos con...** Desempaque los objetos mientras cuenta la historia.

1. **David quería saber si algún pariente de la casa de Saúl todavía vivía. Quería mostrar amabilidad en honor a Jonatán. Los siervos de David le trajeron a Siba. Siba era un sirviente de la casa de Saúl.**

2. Muletas. **Siba le dijo a David que todavía vivía un hijo de Jonatán. Su nombre era Mefiboset y estaba cojo de ambos pies. Se había lastimado cuando era solo un niño pequeño. David hizo que le trajeran a Mefiboset.**

3. Si hay una mesa en la habitación, señale la mesa. **Aunque Mefiboset tuvo miedo cuando llegó con David, David le habló con bondad. Cuando David informó a Mefiboset que siempre comería a la mesa del rey, Mefiboset se inclinó ante David.**

4. Hortalizas / cultivos. **David le dijo a Siba que le había dado a Mefiboset todo lo que pertenecía a Saúl y a su familia. Siba y sus hijos debían cultivar la tierra y traer las cosechas para Mefiboset para satisfacer sus necesidades. Siba obedeció la orden de David, y Mefiboset siempre comió a la mesa del rey.**

5. Movimiento de memorización. Pida a los alumnos que tomen una mano como si fuera un tazón y que se lleven la comida del tazón a la boca simulando una cuchara. Diga: **David fue amable con Mefiboset. Mefiboset siempre comió a la mesa del rey.**

Diga: **Ahora es su turno de contar la historia.** Devuelva los objetos a la bolsa. Invite a los niños a turnarse. Elija un voluntario para tomar un objeto de la bolsa sin mirar y que luego explique lo que significa/representa. O puede elegir repasar uno de los movimientos de memorización y explicar lo que representa. Después de que los niños retiren todos los objetos y los expliquen, pídale a un voluntario que los coloque en el orden correcto de la historia.

LECCIÓN BÍBLICA

Consejos para el maestro

Cuando lea el estudio bíblico enfatice estas ideas.

- Recuerde que, desafortunadamente, muchos niños han experimentado promesas incumplidas de los adultos. Cuando un adulto no cumple una promesa, un niño a menudo se siente traicionado. Si un niño experimenta repetidamente promesas rotas, él o ella puede dudar que Dios cumplirá sus promesas. Sea un ejemplo positivo para los niños de su clase. Modele lo que significa hacer una promesa y cumplirla.
- Señale que David recordó su promesa a Jonathan y la cumplió.
- Recuerde a los niños que Dios siempre cumple Sus promesas.

Lea las Escrituras

Diga: **Dios cumple sus promesas y su pueblo debe hacer lo mismo. David era como Dios. David cumplió sus promesas. Eso es lo que Dios espera de todos nosotros.**

Lea 2 Samuel 9:1-13 en voz alta. Puede optar por utilizar los objetos y los movimientos para enfatizar los puntos principales.

Preguntas de discusión

Discuta la historia y haga a los niños las siguientes preguntas. Recuerde que puede no haber una respuesta correcta o incorrecta.

1. Lea 1 Samuel 20:14-15, 42. **¿Por qué David quería ayudar al hijo de Jonatán?**
2. **Si fueran Mefiboset, ¿cómo se sentirían si los invitaran a reunirse con el rey? ¿Por qué Mefiboset estaba nervioso?**
3. **¿Por qué Mefiboset se sorprendió de que David lo ayudara?**
4. **¿Qué prometió hacer David por Mefiboset?**

Reflexión final

Esta es la reflexión que quiere que los niños recuerden.

Diga: **¿Alguna vez hicieron una promesa? No siempre es fácil cumplir una promesa. Hace mucho tiempo, David y Jonatán hicieron un pacto de amistad. David cumplió su promesa a Jonatán cuando cuidó de Mefiboset. David tomó la decisión correcta cuando cumplió sus promesas. Dios cumple sus promesas, y Él espera que cumplamos nuestras promesas.**

PRÁCTICA DEL VERSÍCULO PARA MEMORIZAR

Aun si voy por valles tenebrosos, no temo peligro alguno porque tú estás a mi lado; tu vara de pastor me reconforta. Salmo 23:4

Vea las «actividades del versículo para memorizar» para sugerencias que ayuden a los niños a aprender el versículo para memorizar.

ACTIVIDADES ADICIONALES

¿Cómo crees que era la comida en la mesa del Rey? Juguemos un juego y hablemos de la mejor y más rica comida. Voy a empezar y decir una comida que tiene una sola palabra, como pizza. La siguiente persona dice una comida que comienza con la letra con la que terminó la última comida. Por ejemplo, si digo pizza, la palabra del siguiente estudiante debe comenzar con una «a». Continúe hasta que todos hayan tenido una oportunidad.

Juego: ¡Ayuda a un amigo!

Organice a los niños en grupos de tres. Marque una línea de salida y una línea de meta para esta carrera. En cada grupo, dos niños servirán como personal médico, y un niño será el paciente lesionado. Los dos miembros del personal médico crearán una camilla con sus brazos para transportar al paciente lesionado.

Familiarícese con las siguientes instrucciones para que pueda demostrar las acciones.

Los dos médicos se ponen de frente. Ambos extienden sus brazos derechos directamente frente a ellos. Luego, doblan su brazo izquierdo y agarran el codo de su brazo derecho. Luego, agarran el brazo izquierdo de su pareja con la mano derecha. Esto formará un cuadrado con sus brazos, y servirá como camilla para el paciente lesionado. Los médicos se inclinarán para que el paciente lesionado pueda sentarse en la camilla.

Diga: **Cuando les diga que comiencen, cada equipo formará una camilla y llevará al compañero lesionado a la línea de meta. Entonces el equipo se dará la vuelta y volverá a la línea de salida. El paciente lesionado debe permanecer en equilibrio en la camilla hasta que el equipo regrese a la línea de salida. Si el paciente lesionado se cae o la camilla se rompe, el equipo debe comenzar de nuevo en la línea de salida.**

Realice la carrera varias veces para que cada niño tenga la oportunidad de ser el paciente lesionado.

Diga: **Fue divertido fingir que éramos médicos, ¡pero me alegro de que nadie estuviera realmente herido! Cuando alguien está herido o en necesidad, le ayudamos. Hoy, aprenderemos sobre alguien que necesitaba ayuda y sobre alguien que arriesgó su carrera y vida para ayudarlo.**

ACTIVIDAD PARA NIÑOS MAYORES

Diga: **hoy nos enteramos de un acto amable que David hizo por el hijo de Jonatán. ¿Cuáles son algunas formas en que podemos mostrar bondad hacia las personas que conocemos?** Elija una o dos ideas prácticas para que los niños las hagan. Ayude a los niños a crear un plan y ponerlo en práctica. Al poner práctica su plan, recuerde a los niños que Dios quiere que pongamos nuestra bondad en acción, no sólo que hablemos de ser amables.

 **ESGRIMA BÍBLICO**

Consulte la sección «Preguntas de repaso» para las preguntas de práctica rojas y azules para esta lección.

LECCIÓN 20

PECADOS, TRISTEZA, SALVACIÓN

2 SAMUEL 11:1-17, 26-27; 12:1-10, 13-25

VERSÍCULO PARA MEMORIZAR

Crea en mí, oh Dios, un corazón limpio, y renueva la firmeza de mi espíritu.

Salmo 51: 10

VERDADES SOBRE DIOS

*Esta lección enseñará las siguientes verdades sobre Dios. El asterisco * indica la verdad principal que debe enseñar a los niños.*

* * Dios castiga el pecado pero perdona y restaura a los que se arrepienten.
* Nuestros pecados, aunque Dios los perdona, tienen consecuencias.

ENFOQUE Y RESUMEN DE LA LECCIÓN

En este estudio, los niños aprenderán que Dios no nos protege de las consecuencias de nuestros pecados, pero nos perdona cuando nos arrepentimos.

1. David no fue a la guerra con su ejército como debería haberlo hecho.
2. David pecó con Betsabé. Luego ordenó que mataran a su marido, Urías. David se casó con Betsabé.
3. Natán reprendió a David por su pecado. David se arrepintió.
4. El hijo pequeño de David y Betsabé murió. Más tarde, tuvieron otro hijo, Salomón.

 ## ANTECEDENTES BÍBLICOS

Era común que los ejércitos se tomaran un descanso de la guerra durante el invierno. Cuando llegó la primavera y las condiciones climáticas mejoraron, las batallas se reanudaron. Los reyes típicamente guiaban a sus ejércitos a la batalla. Sin embargo, esta vez, David envió a sus soldados a la batalla sin guiarlos.

David tomó algunas decisiones que no honraban a Dios. No resistió la tentación, y cometió adulterio y asesinato. Dios envió a Natán, el profeta, para confrontar a David con respecto a las elecciones que David hizo.

Cuando Natán se enfrentó a David, David se arrepintió por las decisiones que tomó. Dios aceptó el arrepentimiento de David, y lo perdonó. Sin embargo, Dios de todos modos castigó a David por sus acciones. David y sus descendientes sintieron los efectos del castigo de David. Natán le dijo a David que el primer hijo de David y Betsabé moriría.

La muerte de este niño fue un ejemplo para los israelitas de que los reyes también eran responsables por sus acciones. David mostró la profundidad de su arrepentimiento al ayunar y orar. Él sabía que el juicio de Dios era misericordioso y justo. Dios le dio a David y a Betsabé otro hijo, y le pusieron por nombre Salomón. Dios envió palabra a través de Natán de que este hijo también debería llamarse Jedidías, que significa «amado por Dios». Debido al arrepentimiento de David, Dios mostró misericordia a David y restauró su relación.

 ¿SABÍAS QUE...?

Betsabé es una de las cuatro mujeres mencionadas en la genealogía de Jesús (Mateo 1:1-16). Los cuatro eran ejemplos de la gracia de Dios: Tamar se hizo pasar por una prostituta, Rahab era una prostituta, Rut era una gentil, y Betsabé era una adúltera.

VOCABULARIO

Palabras de fe

Arrepentirse es apartarse del pecado y volverse a Dios. Esto significa que el que se arrepiente se duele por su pecado, pide perdón y decide vivir para Dios.

Personas

Betsabé era la esposa de Urías.

Urías el hitita era el esposo de Betsabé.

Salomón fue el segundo hijo de David y de Betsabé. Se convirtió en rey de Israel.

Jedidías era el nombre que Dios le dio a Salomón cuando nació. Significa «amado por el Señor».

Cosas

Una **oveja** es una hembra de cordero.

Ayunar es renunciar a algo por un tiempo, generalmente comida, para orar y enfocarse en Dios.

 NARRACIÓN DE LA HISTORIA

Cada semana necesitará los siguientes objetos.

1. Algo para transportar cosas como una pequeña bolsa de viaje.
2. Un contenedor para almacenar los objetos de la historia de cada semana (puede ser una bolsa, un cesto o una caja).

Para la historia de hoy, también necesitará los siguientes objetos.

3. Espada o un palo
4. Animal de peluche o una imagen de una oveja

Antes de la clase

2 Samuel 11:1-17, 26-27; 12:1-10, 13-25

2. Reúna los objetos de la historia de hoy. Sustituya los objetos no disponibles por una imagen.

3. Pase todos los objetos de la lección anterior de la bolsa de viaje al contenedor de almacenamiento. Coloque este contenedor al lado del área de narración de la historia.

4. Coloque los objetos de la historia de hoy dentro de la bolsa de viaje. Ponga la bolsa de viaje en el área de narración de la historia.

Sigue al líder

Dígales a los niños que se pongan en línea recta, uno detrás del otro. Elija a un niño para que sea el líder. Dígales a los niños que deben observar al líder e imitar todo lo que haga. El líder conducirá el grupo alrededor del aula. Debe utilizar diferentes gestos con las manos, sonidos o movimientos para que los niños los imiten. Por ejemplo, el líder puede caminar con pasos de bebé, pasos grandes o saltos. Termine el juego en el área de narración de la historia.

Repaso opcional de la lección

Pida a un voluntario que seleccione un objeto del contenedor y que explique lo que representaba en la lección anterior.

Narración de la historia

Lea estas instrucciones antes de comenzar.

1. Concéntrese en los puntos principales mientras cuenta la historia con sus propias palabras. Saque un objeto de la bolsa para ilustrar cada punto. Si se siente cómodo, incluya más detalles. Si es necesario, puede utilizar el guion sugerido.

2. Mientras cuenta la historia, muestre cada objeto en orden. Coloque el objeto donde los niños puedan verlo.

3. Después de contar la historia, vuelva a colocar todos los objetos dentro de la bolsa.

4. Para repasar la historia, pida a un voluntario que saque un objeto de la bolsa y diga lo que representa. Repita este proceso con todos los objetos hasta que los niños puedan volver a contar la historia por completo.

5. Repase el "movimiento de memorización" que se describe a continuación. Haga este movimiento cada vez que mencione lo que representa.

Puntos principales en orden

Diga: **Hoy continuamos nuestro estudio en 2 de Samuel. Por eso empaqué nuestra bolsa de viaje con las herramientas que necesitaremos. Hoy comenzamos con...** Desempaque los objetos mientras cuenta la historia.

1. Espada o palo. Diga: **David no salió a la guerra cuando lo hizo su ejército. Mientras estaba en casa, David vio a una mujer llamada Betsabé, bañándose. Se acostó con Betsabé y ella quedó embarazada.**

2. **El esposo de Betsabé, Urías, estaba en la guerra. David lo trajo de vuelta de la guerra durante dos noches, pero Urías se negó a volver a casa. Finalmente, David le dijo a Joab, un líder del ejército, que pusiera a Urías al frente de la batalla para que muriera. Joab obedeció, y Urías murió.**

3. Imagen de oveja o cordero. **Natán el profeta le contó a David una historia sobre un hombre rico que tenía mucho ganado y ovejas. Un pobre hombre en la ciudad tenía una oveja. La oveja era como una hija para él. El hombre rico decidió que quería que le prepararan la oveja del hombre pobre para la cena. David estaba enojado con el hombre rico por tomar la única oveja que tenía el hombre pobre. Natán le dijo a David que él era como el hombre rico. Tomó a la esposa de Urías cuando pudo haber tenido cualquier**

otra mujer. **David confesó su pecado y se arrepintió mucho.**

4. Meza sus brazos como si meciera a un bebé. **El hijo de David y Betsabé murió. Más tarde, tuvieron otro hijo, Salomón. Salomón se convirtió en rey después de la muerte de David. Él fue otro gran rey. Era muy sabio y rico.**

5. Movimiento de memorización. Haga que los estudiantes se cubran la cara como si estuvieran llorando. Diga: **David se lamentó por su pecado y se arrepintió.**

Diga: **Ahora es su turno de contar la historia.** Devuelva los objetos a la bolsa. Invite a los niños a turnarse. Elija un voluntario para tomar un objeto de la bolsa sin mirar y que luego explique lo que significa/representa. O puede elegir repasar uno de los movimientos de memorización y explicar lo que representa. Después de que los niños retiren todos los objetos y los expliquen, pídale a un voluntario que los coloque en el orden correcto de la historia.

LECCIÓN BÍBLICA

Consejos para el maestro

Al dirigir el estudio de la Biblia, tenga en cuenta estas ideas.

- Antes de la lección, es posible que desee informar a los padres y tutores de los niños que esta historia es sobre David y Betsabé. Considere invitar a los padres a participar. Mientras dirija el estudio bíblico,
- Esté preparado para responder preguntas difíciles sobre el adulterio o el embarazo de Betsabé. Mantenga las respuestas breves y basadas en los hechos.
- Anime a los estudiantes a preguntar a sus padres si tienen más preguntas.

Lea las Escrituras

Diga: **Dios castiga el pecado pero perdona y restaura a los que se arrepienten. Nuestro pecado nos lastima a nosotros, a otros, y a Dios también. La buena noticia es que si nos arrepentimos, Dios nos perdonará tal como perdonó a David.**

2 Samuel 11:1-17, 26-27; 12:1-10, 13-25 Puede optar por utilizar los objetos y los movimientos para enfatizar los puntos principales.

Preguntas de discusión

Discuta la historia y haga a los niños las siguientes preguntas. Recuerde que puede no haber una respuesta correcta o incorrecta.

1. ¿Por qué el escritor mencionó que David no fue a la guerra? ¿Por qué creen que David se quedó en casa?

2. ¿Cómo intentó David encubrir su pecado con Betsabé? ¿Cuáles son algunos pecados que los niños a menudo cubren con otro pecado?

3. ¿Cómo respondió David cuando Natán dijo: «Tú eres ese hombre»? ¿Cómo responderían si alguien les dijera que pecaron?

4. ¿Qué hizo David mientras su hijo estaba enfermo? ¿Qué hizo cuando su hijo murió? ¿Qué dice esto acerca de su relación con Dios?

5. El Señor le dijo a Natán que le diera a Salomón el nombre de Jedidías, que significa «amado por el Señor». ¿Por qué creen que

el Señor quería que Salomón tuviera este nombre?

Reflexión final

Esta es la reflexión que quiere que los niños recuerden.

Diga: **¿Saben lo que es la tentación? La tentación es cualquier cosa que te lleva a querer desobedecer a Dios. ¿Alguna vez han caído en una tentación? ¿Su pecado los lastimó a ustedes o a otros de alguna manera?**

David tomó a la esposa de Urías, y luego planeó una manera para que Urías muriera. Cuando Natán se enfrentó a David, David se arrepintió. David le pidió a Dios que lo perdonara, y David prometió vivir para Dios.

Cuando David pecó, él mismo se hirió, pero también hirió a las personas que lo rodeaban. Su pecado no agradó a Dios. El pecado destruye las relaciones con los demás y con Dios. La buena noticia es que si nos arrepentimos, Dios nos perdonará tal como perdonó a David.

PRÁCTICA DEL VERSÍCULO PARA MEMORIZAR

Crea en mí, oh Dios, un corazón limpio, y renueva la firmeza de mi espíritu. Salmo 51: 10

Vea las «actividades del versículo para memorizar» para sugerencias que ayuden a los niños a aprender el versículo para memorizar.

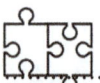

ACTIVIDADES ADICIONALES

Lea las tres parábolas de Jesús en Lucas 15. Pregunte, ¿con quién estaba hablando Jesús en sus parábolas? ¿En qué se parecen las parábolas a la historia que Nathan le contó a David?

Juego: La comida del rey

¿Cómo creen que era la comida en la mesa del rey? Juguemos un juego y hablemos de la mejor y más rica comida. Voy a empezar y decir una comida que tiene una sola palabra, como pizza. La siguiente persona dice una comida que comienza con la letra con la que terminó la última comida. Por ejemplo, si digo pizza, la palabra del siguiente estudiante debe comenzar con una a. Continúe hasta que todos hayan tenido una oportunidad.

ACTIVIDAD PARA NIÑOS MAYORES

Señale el póster que creó en la Lección 6. Diga: **En las últimas semanas aprendimos del rey David. ¿Cuáles son algunas de las cualidades que poseía David?** Pídale a un estudiante que dibuje una estrella junto a cualquier cualidad que coincida con la lista original de cualidades ideales para un rey.

Diga: **¿David era un buen líder? Aunque David cometió pecados y cometió otros errores importantes, pidió perdón y pidió que Dios le diera un corazón limpio. Dios también puede**

Estudios Bíblicos para Niños
www.KidzFirstPublications.org

perdonar sus pecados, si le piden perdón. Dios hizo muchas cosas maravillosas a través de David. Él también puede hacer cosas maravillosas a través de ustedes. Ofrézcase para orar con cualquier estudiante que desee hacer la oración de salvación.

ESGRIMA BÍBLICO

Consulte la sección «Preguntas de repaso» para las preguntas de práctica rojas y azules para esta lección.

PREGUNTAS DE REVISIÓN PARA EXAMEN BÍBLICO

PREGUNTAS DE REVISIÓN - NIVEL ROJO (LECCIÓN UNO: 1 SAMUEL 1:1-28; 2:11)

1. ¿Cuántas esposas tenía Elcana? (1:2)
1. Cuatro
2. Tres
3. Dos

2. Una de las esposas de Elcana no podía tener hijos, ¿cuál? (1:2, 5)
1. Penina
2. Ana
3. Ninguna de ellas podía tener hijos.

3. ¿Adónde fue Elcana a adorar y a ofrecer sacrificios al Señor? (1:3)
1. A Ramá
2. A Silo
3. A Zuf

4. ¿Cómo se llamaban los dos hijos de Elí? (1:3)
1. Elcana y Samuel
2. Ofni y Fineas
3. Fineas y Leví

5. ¿Por qué Elcana le daba una porción entera a Ana? (1:5)
1. Porque quería hacer enojar a Penina
2. Porque la amaba y ella no tenía hijos
3. Todas las respuestas son correctas.

6. ¿Qué hizo Ana en Silo? (1:10)
1. Oró al Señor.
2. Se enojó con Penina.
3. Horneó pan.

7. Ana le dijo a Dios lo que haría si él le daba un hijo, ¿qué le dijo? (1:11)
1. Que lo cuidaría bien
2. Que lo dedicaría al Señor
3. Que le cortaría el cabello todos los meses

8. ¿Quién le dijo a Ana: «Ve en paz, y que el Dios de Israel te conceda la petición que le has hecho»? (1:17)
1. Elcana
2. Elí
3. Penina

9. ¿Cómo nombró Ana a su hijo? (1:20)
1. Ofni
2. Penina
3. Samuel

10. ¿Durante cuánto tiempo Ana dedicaría a Samuel al Señor? (1:28)
1. Hasta los 18 años
2. Hasta los 12 años
3. Toda su vida

Estudios Bíblicos para Niños
www.KidzFirstPublications.org

1 y 2 de Samuel

PREGUNTAS DE REVISIÓN PARA EXAMEN BÍBLICO

PREGUNTAS DE REVISIÓN - NIVEL AZUL (LECCIÓN UNO: 1 SAMUEL 1:1-28; 2:11)

1. ¿Qué hacía Elcana año tras año en Silo? (1:3)
1. Visitaba a familiares.
2. Labraba la tierra de su hermano.
3. **Ofrecía sacrificios y adoraba al Señor.**
4. Dormía en una tienda y asaba su comida al fuego.

2. ¿Cuántas porciones le dio Elcana a Ana? (1:5)
1. Media porción
2. Una porción
3. **Una porción doble**
4. Una porción triple

3. ¿Por qué la rival de Ana la irritaba? (1:6)
1. Porque quería una porción doble
2. Porque no le gustaba la forma de hablar de Ana
3. **Porque Ana no podía tener hijos**
4. Todas las respuestas son correctas.

4. ¿Qué pensaba Elí mientras observaba orar a Ana? (1:12-13)
1. Que Ana estaba muy callada
2. Que Ana hablaba en voz muy alta
3. Que Ana estaba dormida
4. **Que Ana estaba ebria**

5. ¿Cómo oraba Ana? (1:13)
1. En voz alta
2. **En silencio**
3. Caminaba en círculos y oraba.
4. Todas las respuestas son correctas.

6. ¿Qué le dijo Ana a Elí cuando él la acusó de estar ebria? (1:15-16)
1. «He estado bebiendo.»
2. «Solo estaba llamando a mi esposo.»
3. **«He derramado mi alma delante del Señor.»**
4. «Estaba pidiendo algo de comida.»

7. ¿Por qué Ana llamó a su hijo Samuel? (1:20)
1. Porque Elí le dijo que lo llamara así
2. **Porque ella se lo había pedido al Señor**
3. Porque era el nombre del padre de Elcana
4. Porque era el segundo nombre de Elcana

8. ¿Cuándo dijo Ana que presentaría a Samuel ante el Señor? (1:22)
1. Cuando cumpliera 12 años
2. **Cuando fuera destetado**
3. Cuando caminara
4. Cuando cumpliera 18 años

9. ¿Qué sacrificio llevó Ana con ella y con Samuel? (1:24)
1. Un asna
2. **Un toro, harina y vino**
3. Maíz y cebada
4. Vegetales

10. ¿Bajo la supervisión de quién sirvió Samuel? (2:11)
1. **Del sacerdote Elí**
2. De Elcana
3. De Ofni
4. De Fineas

Estudios Bíblicos para Niños
www.KidzFirstPublications.org

1 y 2 de Samuel

PREGUNTAS DE REVISIÓN PARA EXAMEN BÍBLICO

PREGUNTAS DE REVISIÓN - NIVEL ROJO
(LECCIÓN DOS: 1 SAMUEL 2:12-29, 34-35; 3:1–4:1)

1. ¿Qué tipo de hombres eran los hijos de Elí? (2:12)
1. Amables
2. Amistosos
3. **Impíos**

2. ¿Qué hacía Ana por Samuel cada año? (2:19)
1. Le llevaba comida casera.
2. **Le llevaba una túnica hecha por ella.**
3. Le llevaba una manta nueva.

3. ¿Cómo crecía Samuel? (2:26)
1. En altura
2. **En estatura y en gracia para con Dios y los hombres**
3. Todas las respuestas son correctas.

4. El Señor le dijo a Elí que levantaría a alguien, ¿a quién? (2:35)
1. A Elí
2. **A un sacerdote fiel**
3. A los hijos de Elí

5. ¿Cuántas veces pensó Samuel que Elí lo llamaba? (3:4-8)
1. Dos
2. **Tres**
3. Cuatro

6. ¿Quién se dio cuenta finalmente de que era el Señor quien llamaba a Samuel? (3:8)
1. **Elí**
2. Ofni
3. Fineas

7. ¿Qué dijo Samuel la cuarta vez que el Señor lo llamó? (3:10)
1. «¿Me llamaste de nuevo, Elí?»
2. **«Habla, que tu siervo escucha.»**
3. «¿Quién me llama?»

8. ¿Durante cuánto tiempo el Señor juzgaría a Elí y a su familia? (3:13)
1. Durante tres meses
2. **Para siempre**
3. Durante un año

9. ¿Quién sabía que Samuel estaba actuando como profeta del Señor? (3:20)
1. Todo el mundo
2. Todo Egipto
3. **Todo Israel**

10. ¿En qué ciudad el Señor volvió a revelarse a Samuel? (3:21-4:1)
1. En Efraín
2. En Ramá
3. **En Silo**

Estudios Bíblicos para Niños
www.KidzFirstPublications.org

1 y 2 de Samuel

PREGUNTAS DE REVISIÓN PARA EXAMEN BÍBLICO

PREGUNTAS DE REVISIÓN - NIVEL AZUL
(LECCIÓN DOS: 1 SAMUEL 2:12-29, 34-35; 3:1–4:1)

1. ¿Qué le pedían los hijos de Elí a su sirviente cuando alguien ofrecía un sacrificio? (2:15-16)
   1. Que lo asaltara cuando llegara
   2. Que le dijera que el sacrificio no era lo suficientemente importante
   3. **Que lo amenazara diciendo que tomaría el sacrificio por la fuerza**
   4. Todas las respuestas son correctas.

2. ¿Cómo trataban los hijos de Elí las ofrendas del Señor? (2:17)
   1. Con respeto
   2. Con honor
   3. **Con irreverencia**
   4. Con amor

3. ¿Cuándo le dio Ana a Samuel una túnica que había hecho para él? (2:19)
   1. En su cumpleaños
   2. El día que el Señor le indicó
   3. **Cuando fue con Elcana a ofrecer el sacrificio anual**
   4. Todas las respuestas son correcta.

4. ¿Qué hacía Elí por Elcana y por Ana cuando lo visitaban cada año en Silo? (2:20)
   1. Les ofrecía un sacrificio.
   2. Les cocinaba la cena.
   3. Compartía su vino con ellos.
   4. **Los bendecía**

5. ¿Con quién hablaba Elí cuando dijo: «Yo oigo de todo este pueblo acerca de sus malas acciones»? (2:22-23, 25)
   1. Con Ana
   2. **Con sus hijos, Ofni y Fineas**
   3. Con Elí
   4. Con Samuel

6. ¿Quién crecía en estatura y en gracia ante Dios y los hombres? (2:26)
   1. Ofni
   2. Fineas
   3. **Samuel**
   4. Elí

7. ¿A quién dijo el Señor que él levantaría? (2:35)
   1. A los hijos de Elí
   2. **A un sacerdote fiel**
   3. A Elí
   4. A más sirvientes

8. ¿Qué sucedía con la Palabra del Señor cuando Samuel servía delante de Elí? (3:1)
   1. Era común
   2. **Era escasa**
   3. Se obedecía
   4. Se escuchaba

9. ¿Qué temía decirle Samuel a Elí? (3:15)
   1. Los pecados de Fineas
   2. **La visión del Señor**
   3. Que había dormido en el Tabernáculo
   4. Que los sacrificios habían desaparecido

10. ¿Quién reconoció que Samuel era un profeta del Señor? (3:20)
    1. **Todo Israel desde Dan hasta Beerseba**
    2. El ejército egipcio
    3. Un pequeño grupo de amigos de Elí
    4. La aldea en la que vivía Ana

Estudios Bíblicos para Niños
www.KidzFirstPublications.org

1 y 2 de Samuel

PREGUNTAS DE REVISIÓN PARA EXAMEN BÍBLICO

PREGUNTAS DE REVISIÓN - NIVEL ROJO (LECCIÓN TRES: 1 SAMUEL 4:1–5:12)

1. ¿Quién llevó el arca del pacto desde Silo hasta el campamento israelita? (4:4)
1. Ofni
2. Fineas
3. **Ambas respuestas son correctas**

2. ¿Qué sucedió cuando el arca del pacto llegó al campamento israelita? (4:5)
1. **Todo Israel gritó y la tierra tembló.**
2. Una tormenta cayó sobre el campamento.
3. Los líderes israelitas lloraron.

3. Los filisteos capturaron algo que pertenecía a los israelitas, ¿qué era? (4:11)
1. Todas las provisiones israelitas
2. Todo el ganado israelita
3. **El arca de Dios**

4. ¿Qué sucedió con Elí cuando descubrió que los filisteos habían capturado el arca? (4:18)
1. **Se murió.**
2. Se puso a orar.
3. Se puso a llorar.

5. ¿Durante cuánto tiempo lideró Elí a Israel? (4:18)
1. 30 años
2. **40 años**
3. 50 años

6. ¿Quién entró en trabajo de parto, dio a luz y luego falleció cuando oyó las malas noticias sobre la batalla contra los filisteos? (4:19-20)
1. Ana
2. La esposa de Ofni
3. **La esposa de Fineas**

7. ¿Qué pusieron los filisteos junto a Dagón en el templo de Dagón? (5:2)
1. Una piedra enorme
2. Plata y oro
3. **El arca**

8. ¿Con qué hirió el Señor al pueblo de Asdod? (5:6)
1. **Devastación**
2. Buenas nuevas
3. Un nuevo líder

9. ¿Adónde trasladaron el arca cuando la sacaron de Asdod? (5:8)
1. **A Gat**
2. A Ramá
3. A Efraín

10. ¿De qué tenía pánico la ciudad de Ecrón? (5:11)
1. De los israelitas
2. De tumores y enfermedades
3. **De muerte**

PREGUNTAS DE REVISIÓN PARA EXAMEN BÍBLICO

PREGUNTAS DE REVISIÓN - NIVEL AZUL (LECCIÓN TRES: 1 SAMUEL 4:1–5:12)

1. Después del triunfo de los filisteos sobre los israelitas, ¿quién pidió que el arca sea trasladada desde Silo al campamento? (4:2-3)

1. Los sacerdotes egipcios
2. **Los ancianos de Israel**
3. El soldado benjamita
4. Los siervos de Elí

2. ¿Qué sucedió cuando el arca llegó al campamento israelita? (4:5)

1. Un rayo cayó sobre el campamento.
2. Todo Israel tuvo miedo.
3. **Todo Israel gritó y la tierra tembló.**
4. Todo Israel huyó y se escondió.

3. ¿Qué dijeron los filisteos cuando escucharon el estruendo proveniente del campamento israelita? (4:6-7)

1. «Vienen a atacarnos.»
2. «Esto va a significar algo malo para nosotros.»
3. «Deberíamos huir.».
4. **«¿A qué se debe este estruendo de gran júbilo en el campamento de los hebreos?»**

4. ¿Cómo lucía el soldado benjamita cuando llegó a Silo para avisar que habían capturado el arca? (4:12-13)

1. Tenía el rostro sucio.
2. **Su ropa estaba rasgada.**
3. Le faltaba el calzado.
4. Estaba triste y había estado llorando.

5. ¿Por qué Elí estaba sentado en un banco junto al camino cuando llegó el soldado benjamita? (4:13)

1. Esperaba noticias sobre la batalla.
2. Su esposa le había dicho que esperara allí.
3. Quería ver a sus vecinos.
4. **Su corazón temblaba a causa del arca de Dios.**

6. ¿Qué hicieron los habitantes de Silo cuando oyeron lo que había sucedido en la batalla contra los filisteos? (4:13)

1. Se enojaron mucho.
2. No tuvieron ninguna reacción.
3. **Prorrumpieron en griterío.**
4. Se regocijaron.

7. ¿Qué hizo Elí cuando oyó que el arca de Dios había sido capturada? (4:17-18)

1. Rasgó su ropa y lloró.
2. **Cayó de espaldas del banco donde estaba sentado y murió.**
3. Mandó a buscar a sus hijos.
4. Acusó al soldado benjamita de ser un espía.

8. ¿Qué sucedió cuando la esposa de Fineas oyó que su esposo y Elí habían muerto y que el arca había sido capturada? (4:19-20)

1. Lloró toda la noche.
2. Preguntó si Ofni seguía con vida.
3. No lo creyó.
4. **Dio a luz a un hijo y murió.**

9. ¿Qué dijeron los habitantes de Asdod cuando el Señor los hirió con tumores? (5:6-7)

1. **«¡Que no se quede con nosotros el arca del Dios de Israel!»**
2. «No entregaremos el arca.»
3. «Envía a los solados a custodiar la entrada.»
4. «Perdónanos y ten misericordia de nosotros.»

10. ¿Qué sucedió cuando los filisteos trasladaron el arca a Gat? (5:9)

1. El pueblo de Gat se regocijó.
2. **El pueblo de Gat fue herido con tumores.**
3. Todo el pueblo de Gat murió.
4. Todos los hombres de Gat murieron.

Estudios Bíblicos para Niños
www.KidzFirstPublications.org

PREGUNTAS DE REVISIÓN PARA EXAMEN BÍBLICO

PREGUNTAS DE REVISIÓN - NIVEL ROJO (LECCIÓN CUATRO: 1 SAMUEL 6:1–7:1)

1. ¿Cuánto tiempo había estado el arca en territorio filisteo cuando decidieron regresarla a Israel? (6:1-2)
   1. Seis meses
   2. **Siete meses**
   3. Un año

2. ¿Qué debían incluir los filisteos en la ofrenda por la culpa? (6:4)
   1. Cinco tumores de oro
   2. Cinco ratones de oro
   3. **Todas las respuestas son correctas.**

3. ¿En qué lugar de la carreta debía ir la ofrenda por la culpa? (6:8)
   1. **En una caja junto al arca**
   2. Dentro del arca
   3. En un saco junto al arca

4. ¿Qué tipo de animales ataron a la carreta que llevaba el arca? (6:10)
   1. **Vacas**
   2. Ciervos
   3. Asnas

5. ¿Hacia dónde iba la carreta con el arca? (6:12)
   1. A Eben-ezer
   2. A Bezer
   3. **A Bet-semes**

6. ¿Quién siguió la carreta hasta la frontera de Bet-semes? (6:12)
   1. El pueblo de Bet-semes
   2. **Los gobernantes filisteos**
   3. Los sacerdotes israelitas

7. ¿Qué hicieron los habitantes de Bet-semes cuando vieron que el arca venía hacia ellos? (6:13)
   1. **Se alegraron.**
   2. Se escondieron.
   3. Tuvieron miedo.

8. ¿Qué hicieron los habitantes de Bet-semes con la carreta que llevaba el arca? (6:14)
   1. La usaron para cargar su trigo.
   2. **La partieron.**
   3. La devolvieron a manos de los filisteos.

9. ¿Quiénes bajaron el arca de la carreta? (6:15)
   1. Los filisteos
   2. Los jebuseos
   3. **Los levitas**

10. ¿Qué hizo el pueblo cuando el Señor hirió a 70 personas por mirar dentro del arca? (6:19)
    1. **Hizo duelo.**
    2. Se alegró.
    3. Se escondió por temor.

PREGUNTAS DE REVISIÓN PARA EXAMEN BÍBLICO

PREGUNTAS DE REVISIÓN - NIVEL AZUL (LECCIÓN CUATRO: 1 SAMUEL 6:1–7:1)

1. Según los sacerdotes y adivinos, ¿qué tipo de ofenda debían hacer los filisteos al enviar de vuelta el arca? (6:3)

1. **Ofrenda por la culpa**
2. Ofrenda quemada
3. Ofrenda de comunión
4. Ofrenda de paz

2. ¿Qué debían incluir los filisteos en la ofrenda por la culpa? (6:4)

1. Cuatro gatos
2. Cinco gatos de oro y cinco ratones de oro
3. **Cinco ratones de todo y cinco tumores de oro**
4. Cinco aves de oro

3. ¿Qué tipo de animales ataron a la carreta que llevaba el arca? (6:7)

1. Asnas
2. **Vacas cuyos terneros nunca habían sido uncidos**
3. Ciervos que tenían cuernos
4. Mulas con terneros

4. ¿Hacia dónde viajó la carreta con el arca? (6:12)

1. Hacia Bezer
2. Hacia el río Jordán
3. **Hacia Bet-semes**
4. Hacia Jerusalén

5. ¿Qué hicieron los habitantes de Bet-semes cuando vieron el arca? (6:13)

1. Corrieron y le agradecieron a los filisteos.
2. **Se regocijaron.**
3. Liberaron a las vacas que estaban atadas a la carreta.
4. Tuvieron miedo y huyeron.

6. ¿Qué hicieron los habitantes de Bet-semes con las vacas que llevaban el arca? (6:14)

1. Las enviaron de regreso a los filisteos.
2. Las liberaron.
3. Se las dieron a las viudas.
4. **Las sacrificaron en holocausto.**

7. ¿Dónde colocaron los levitas el arca y la caja con los objetos de oro? (6:15)

1. En el suelo
2. Sobre otra carreta
3. **Sobre una gran piedra**
4. En la casa de Josué

8. ¿Por qué fueron cinco los ratones de oro entregados al Señor en la ofrenda por la culpa? (6:18)

1. Porque eran cinco las ciudades afectadas por la plaga de ratas.
2. Porque eran cinco los filisteos afectados por los tumores.
3. **Porque eran cinco las ciudades filisteas de los cinco gobernantes.**
4. Porque tenían que recorrer otras cinco millas.

9. ¿A cuántas personas hirió el Señor por haber mirado dentro del arca? (6:19)

1. A 25
2. **A 70**
3. A 100
4. A 700

10. ¿Adónde decidieron enviar el arca los hombres de Bet-semes? (6:20-21)

1. A la casa de Obed-edom
2. A Jerusalén
3. A Eben-ezer
4. **A Quiriat-jearim**

Estudios Bíblicos para Niños
www.KidzFirstPublications.org

PREGUNTAS DE REVISIÓN PARA EXAMEN BÍBLICO

PREGUNTAS DE REVISIÓN - NIVEL ROJO (LECCIÓN CINCO: 1 SAMUEL 7:2—8:22)

1. Según Samuel, ¿que tenía que hacer el pueblo para volver al Señor? (7:3)
1. Un altar de piedras
2. **Quitar de en medio los dioses extraños**
3. Viajar a Belén

2. ¿Dónde quería Samuel que se reuniera todo Israel? (7:5)
1. **En Mizpa**
2. En Ramá
3. En Eben-ezer

3. ¿Qué hicieron los israelitas cuando se reunieron en Mizpa? (7:6)
1. Prepararon una gran comida.
2. Le gritaron a los filisteos.
3. **Ayunaron y confesaron su pecado.**

4. ¿A quién le dijeron los israelitas: «No ceses de clamar por nosotros al Señor nuestro Dios»? (7:8)
1. A Elí
2. **A Samuel**
3. A Saúl

5. ¿Por qué Samuel tomó una piedra y la llamó Eben-ezer? (7:12)
1. Por si se perdían
2. Para esconderse por si venían los filisteos
3. **Porque el Señor los había ayudado**

6. ¿Quiénes eran Joel y Abías? (8:2)
1. **Hijos de Samuel**
2. Reyes egipcios
3. Gobernantes filisteos

7. ¿Qué pecado cometieron los hijos de Samuel? (8:3)
1. Fueron malos con Saúl.
2. Mataron a un hombre.
3. **Se desviaron tras las ganancias deshonestas.**

8. ¿Qué le dijeron los ancianos de Israel a Samuel en Ramá? (8:5-6)
1. «Tus hijos no andan en tus caminos.»
2. «Constitúyenos ahora un rey que nos gobierne.»
3. **Todas las respuestas son correctas.**

9. ¿Por qué el pueblo de Israel quería un rey? (8:20)
1. **Para ser como otras naciones**
2. Para que Samuel pudiera descansar y retirarse
3. Todas las respuestas son correctas.

10. Cuando Samuel le contó al Señor lo que había dicho el pueblo, ¿qué respondió el Señor? (8:22)
1. **«Escucha su voz y constituye un rey sobre ellos.»**
2. «No les des un rey.»
3. «Designa a tu hijo como rey.»

Estudios Bíblicos para Niños
www.KidzFirstPublications.org

PREGUNTAS DE REVISIÓN PARA EXAMEN BÍBLICO

PREGUNTAS DE REVISIÓN - NIVEL AZUL (LECCIÓN CINCO: 1 SAMUEL 7:2–8:22)

1. ¿Qué debía hacer el pueblo de Israel para volverse al Señor de todo corazón? (7:3)
1. Ser buenos con los hijos de Samuel
2. Designar a un filisteo como su rey
3. **Comprometerse con el Señor y servirlo solo a él**
4. Ofrecer todos sus animales como sacrificios

2. ¿Qué dijo Samuel que haría en Mizpa cuando todo Israel se reuniera allí? (7:5)
1. Que los heriría
2. **Que intercedería ante el Señor por ellos**
3. Que les daría los planes para la batalla
4. Que les daría aceite y grano nuevo

3. ¿Qué hizo el Señor cuando Samuel clamó en nombre de Israel? (7:9)
1. El Señor los reprendió por ser desobedientes.
2. **El Señor le respondió.**
3. El Señor no lo oyó.
4. El Señor les envió lluvia.

4. ¿Qué dijo Samuel cuando tomó una piedra y la llamó Eben-ezer? (7:12)
1. «Hasta aquí el Señor ha asesinado a todos los filisteos.»
2. «Hemos recorrido un largo camino.»
3. **«¡Hasta aquí nos ayudó el Señor!»**
4. «Aquí recordaremos a nuestros antepasados.»

5. ¿Durante cuánto tiempo Samuel siguió liderando a Israel? (7:15)
1. Durante 30 años más
2. Durante 40 años más
3. **Durante todo el tiempo que vivió**
4. Durante un breve período de tiempo

6. ¿Qué acto pecaminoso cometieron los hijos de Samuel? (8:3)
1. Fueron malos con sus padres.
2. Escondieron monedas de oro y plata.
3. Durmieron en el templo.
4. **Aceptaron sobornos.**

7. ¿A quién rechazó el pueblo de Israel como su rey? (8:7)
1. **Al Señor**
2. A Samuel
3. A los hijos de Samuel
4. A Saúl

8. ¿Qué hicieron los israelitas desde el día que el Señor los sacó de Egipto? (8:8)
1. Siguieron al Señor en todo lo que hicieron.
2. **Se olvidaron del Señor y sirvieron a otros dioses.**
3. Escucharon la Palabra del Señor.
4. Comieron carne prohibida.

9. ¿Qué tomará un rey de los israelitas? (8:14)
1. Sus hogares
2. **Sus mejores tierras, viñas y olivares**
3. Sus comercios y campamentos
4. Sus hijos y siervos

10. ¿Qué dijo el pueblo cuando Samuel les advirtió sobre el rey? (8:19)
1. **«¡Que haya rey sobre nosotros!»**
2. «No te creemos.»
3. «Solo intentas asustarnos.»
4. «No queremos que tú nos gobiernes.»

Estudios Bíblicos para Niños   www.KidzFirstPublications.org   1 y 2 de Samuel

PREGUNTAS DE REVISIÓN PARA EXAMEN BÍBLICO

PREGUNTAS DE REVISIÓN - NIVEL ROJO
(LECCIÓN SEIS: 1 SAMUEL 9:1–10:1, 17-24)

1. ¿A quién describe la Biblia como apuesto y dice que sobrepasaba a cualquiera del pueblo? (9:2)

1. Al siervo de Saúl
2. A Samuel
3. **A Saúl**

2. ¿Qué estaban buscando Saúl y su siervo? (9:3)

1. Vacas
2. Cabras
3. **Asnas**

3. ¿Qué le dijo Saúl a su siervo en Zuf? (9:5)

1. **«Volvámonos, porque quizás mi padre esté preocupado por nosotros.»**
2. «Las asnas están muertas. ¡Volvámonos!»
3. «Paremos aquí y descansemos.»

4. ¿Cómo describió el siervo de Saúl al hombre de Dios? (9:6)

1. **Muy respetado**
2. El hombre más inteligente sobre la tierra
3. Bajito y viejo

5. ¿Quién se acercó a Saúl y a su siervo cuando subieron a la ciudad? (9:14)

1. El padre de Saúl
2. **Samuel**
3. Una gran multitud

6. ¿Qué le dijo el Señor a Samuel sobre Saúl? (9:15-16)

1. «No ungirás a este hombre.»
2. «Este hombre no te escuchará.»
3. **«A este ungirás como soberano de mi pueblo Israel.»**

7. ¿Qué le indicó Samuel a Saúl cuando lo vio por primera vez? (9:19)

1. «Vuelvan y hallarán a las asnas.»
2. «Sus asnas están perdidas. Deberían regresar a su casa.»
3. **«Suban delante de mí al lugar alto.»**

8. ¿Qué hizo Samuel con el frasco de aceite de oliva? (10:1)

1. Lo vendió por dinero.
2. Se lo dio al siervo de Saúl.
3. **Lo derramó sobre la cabeza de Saúl.**

9. ¿Quién fue elegido para ser el primer rey de Israel? (10:21)

1. Salomón
2. **Saúl**
3. David

10. ¿Qué dijo el pueblo cuando Samuel anunció a Saúl como el nuevo rey? (10:24)

1. **«¡Viva el rey!».**
2. «Gracias por darnos lo que hemos pedido.»
3. «Este no es el rey que queríamos.»

PREGUNTAS DE REVISIÓN PARA EXAMEN BÍBLICO

PREGUNTAS DE REVISIÓN - NIVEL AZUL (LECCIÓN SEIS: 1 SAMUEL 9:1–10:1, 17-24)

1. ¿Cómo describe la Biblia a Saúl? (9:2)
   1. Leal a su siervo
   2. **Apuesto y más alto que todos**
   3. Muy amado por su padre
   4. Todas las respuestas son correctas.

2. ¿Quién dijo el siervo de Saúl que era «un hombre muy respetado y todo lo que él dice sucede sin fallar»? (9:6)
   1. **El hombre de Dios**
   2. El padre de Saúl
   3. El rey de Egipto
   4. Los gobernantes en la entrada de la ciudad

3. ¿Qué le pidieron Saúl y su siervo a las jóvenes que salían a buscar agua? (9:11)
   1. «¿Compartirían su agua con nosotros?»
   2. «¿Dónde viven?»
   3. «¿Quién es el vidente?»
   4. **«¿Está el vidente en este lugar?»**

4. ¿Qué quería el Señor que Samuel hiciera con Saúl? (9:15-16)
   1. Que lo ayudara a hallar sus asnas
   2. Que lo ungiera como sacerdote
   3. **Que lo ungiera como soberano de Israel**
   4. Que lo llevara de regreso con su padre, quien estaba preocupado por él

5. ¿Qué le dijo el Señor a Samuel cuando este vio a Saúl? (9:17)
   1. «Este hombre será tu nuevo amigo.»
   2. **«He aquí el hombre de quien te hablé.»**
   3. «Este hombre es sabio y te agradará.»
   4. Todas las respuestas son correctas.

6. ¿Qué respondió Saúl cuando Samuel dijo que todo lo más preciado de Israel se había vuelto hacia él y toda su línea familiar? (9:20-21)
   1. «¿No soy yo de Benjamín?»
   2. «¿Y no es mi familia la más pequeña de todas las familias de la tribu de Benjamín?»
   2. «¿Por qué, pues, me has dicho semejante cosa?»
   3. **Todas las respuestas son correctas.**

7. ¿A quiénes hizo entrar Samuel en la sala durante el banquete y les dio lugar a la cabecera de los invitados? (9:22)
   1. **A Saúl y a su siervo**
   2. A la joven sierva del pozo de agua
   3. Al padre de Saúl
   4. A los líderes de las otras tribus

8. ¿Qué puso el cocinero delante de Saúl en el banquete? (9:23)
   1. Pan y agua
   2. Las mejores porciones de carnes y frutas
   3. **La porción que Samuel le había dicho que guardara aparte**
   4. Un plato de olivas

9. ¿Qué hizo Samuel cuando dijo: «¿No te ha ungido el Señor como el soberano de su heredad? (10:1)
   1. **Derramó un frasco de aceite de oliva sobre la cabeza de Saúl y lo besó.**
   2. Derramó agua sobre la cabeza de Saúl.
   3. Abrazó a Saúl.
   4. Todas las respuestas son correctas.

10. ¿Por qué Samuel le reclamó al pueblo lo que le estaba haciendo a Dios? (10:19)
    1. Porque lo siguieron
    2. **Porque lo desecharon**
    3. Porque lo obedecieron
    4. Porque lo sirvieron

Estudios Bíblicos para Niños
www.KidzFirstPublications.org

PREGUNTAS DE REVISIÓN PARA EXAMEN BÍBLICO

PREGUNTAS DE REVISIÓN - NIVEL ROJO (LECCIÓN SIETE: 1 SAMUEL 12:1–13:15)

1. ¿Qué pidieron los israelitas al ver que Najas venía contra ellos? (12:12)
   1. **Un rey que reine sobre ellos**
   2. Que Dios los salve
   3. Más tierras

2. ¿Qué hicieron los israelitas cuando Dios envió truenos y aguaceros? (12:18)
   1. «No sabían qué hacer.»
   2. **Temieron «en gran manera al Señor y a Samuel».**
   3. «Estaban contentos por la lluvia.»

3. ¿Quién dijo: «No se aparten de en pos del Señor, sino sirvan al Señor con todo su corazón»? (12:20)
   1. **Samuel**
   2. David
   3. Saúl

4. ¿Cómo describió Samuel las vanidades? (12:21)
   1. No pueden escucharlos.
   2. No los quieren.
   3. **No sirven ni libran.**

5. En su discurso de despedida, ¿qué les dijo Samuel a los hombres de Israel? (12:24)
   1. «Vayan y busquen un lugar para enterrarme.»
   2. **«Teman al Señor y sírvanle con fidelidad.»**
   3. «Vayan y encuentrenme una esposa nueva.»

6. ¿Qué sucedió cuando Saúl tenía 30 años? (13:1)
   1. Asesinaron a su siervo.
   2. Sus hermanos se fueron de la casa.
   3. **Comenzó a reinar.**

7. ¿Qué hicieron algunos hombres de Saúl cuando Samuel no llegó a Gilgal a tiempo? (13:8)
   1. Se pelearon contra los filisteos.
   2. **Se dispersaron.**
   3. Hablaron mal de ellos.

8. ¿Qué le dijo Samuel a Saúl sobre el holocausto que este ofreció? (13:13-14)
   1. «Estás en grandes problemas.»
   2. **«No guardaste el mandamiento que el Señor tu Dios te dio.»**
   3. «No ofreciste lo suficiente.»

9. ¿Cómo describió Samuel al hombre que el Señor buscó para liderar Israel? (13:14)
   1. Un hombre alto y apuesto
   2. Un hombre fuerte
   3. **Un hombre según el corazón de Dios**

10. ¿Por qué Samuel dijo que el reino de Saúl no duraría? (13:14)
    1. **Porque no guardó lo que el Señor le había mandado**
    2. Porque había perdido muchas batallas
    3. Porque era viejo

Estudios Bíblicos para Niños
www.KidzFirstPublications.org

PREGUNTAS DE REVISIÓN PARA EXAMEN BÍBLICO

PREGUNTAS DE REVISIÓN - NIVEL AZUL (LECCIÓN SIETE: 1 SAMUEL 12:1–13:15)

1. ¿Cuándo comenzó Samuel a liderar a Israel? (12:2)
1. Cuando nacieron sus hijos
2. Cuando llegó a la adultez
3. **En su juventud**
4. Cuando cumplió 30 años

2. Qué dijeron los israelitas cuando el Señor los entregó en manos de sus enemigos? (12:10)
1. «Hemos pecado.»
2. «Líbranos de mano de nuestros enemigos.»
3. «Te serviremos.»
4. **Todas las respuestas son correctas.**

3. ¿Qué pidieron los israelitas cuando vieron que Najas, rey de los amonitas, venía contra ellos? (12:12)
1. Que Dios los salvara
2. Que Samuel peleara por ellos
3. Un lugar para esconderse
4. **Un rey que reinara sobre ellos**

4. ¿Qué les sugirió Samuel a los israelitas? (12:14)
1. Temer al Señor
2. Servir y obedecer al Señor
3. Seguir al Señor
4. **Todas las respuestas son correctas.**

5. ¿Qué le dijeron los israelitas a Samuel cuando el Señor envió truenos y aguaceros? (12:18-19)
1. «No sabemos qué hacer.»
2. «Comenzaremos a seguir al Señor.»
3. **«Ruega al Señor para que no muramos.»**
4. «No nos mates, Samuel.»

6. ¿Qué dijo Samuel que haría por el pueblo? (12:23)
1. Que sería su rey
2. Que seguiría sus pasos
3. Que designaría a Saúl como sacerdote
4. **Que les enseñaría el camino bueno y correcto**

7. ¿Cuánto tiempo reinó Saúl sobre Israel? (13:1)
1. **42 años**
2. 20 años
3. 10 años
4. 5 años

8. ¿Qué tenían los filisteos cuando pelearon contra los israelitas en Geba? (13:5)
1. **Gente tan numerosa como la arena de la orilla del mar**
2. 100 espadas
3. Asnas
4. Campamentos

9. ¿Cómo describió Samuel al hombre que el Señor buscó para liderar a Israel? (13:14)
1. Un hombre alto
2. Un hombre apuesto
3. **Un hombre según el corazón de Dios**
4. Un hombre fuerte

10. ¿Por qué el reino de Saúl no duró? (13:14)
1. Perdió demasiadas batallas.
2. **No guardó lo que el Señor le había mandado.**
3. Era viejo.
4. No era israelita.

Estudios Bíblicos para Niños
www.KidzFirstPublications.org

1 y 2 de Samuel

PREGUNTAS DE REVISIÓN PARA EXAMEN BÍBLICO

PREGUNTAS DE REVISIÓN - NIVEL ROJO (LECCIÓN OCHO: 1 SAMUEL 14:1-23)

1. ¿Dónde se sentaron Saúl y sus hombres cuando llegaron a Migrón? (14:2)
   1. **Debajo de un granado**
   2. En una tienda de campaña
   3. Bajo un duraznero

2. ¿Quién dijo: «Nada impide al Señor salvar con muchos o con pocos»? (14:6)
   1. Saúl
   2. El escudero de Jonatán
   3. **Jonatán**

3. ¿Qué usó Jonatán para subir el peñasco? (14:13)
   1. Cuerdas
   2. **Sus manos y pies**
   3. Lo ayudaron sus soldados.

4. ¿A cuántos filisteos mataron Jonatán y su escudero? (14:14)
   1. A 50
   2. A 5
   3. **A 20**

5. ¿Qué hizo el ejército filisteo cuando Jonatán y su escudero mataron a 20 de sus hombres? (14:15)
   1. Mataron a Jonatán.
   2. Se dispersaron en todas direcciones.
   3. **Hubo pánico en el campamento.**

6. ¿Qué le pidió Saúl a Ajías? (14:18)
   1. **Que le trajera el arca**
   2. Que matara filisteos
   3. Que sea su escudero

7. ¿Qué hicieron los filisteos cuando hubo una gran confusión? (14:20)
   1. **La espada de cada uno se volvió contra su compañero.**
   2. Comenzaron a luchar contra los israelitas.
   3. Mataron a Jonatán y a Saúl.

8. ¿Qué hicieron los hebreos que anteriormente habían estado con los filisteos? (14:21)
   1. Se escondieron en la región montañosa.
   2. **Se unieron a los israelitas en la batalla.**
   3. Lucharon contra los israelitas.

9. ¿Qué hizo el Señor por Israel el día que el ejército filisteo entró en pánico? (14:23)
   1. No los ayudó.
   2. Les dijo a los israelitas hacía dónde debían ir.
   3. **Los salvó.**

10. ¿Adónde llegó la batalla después de que los filisteos entraran en pánico? (14:23)
    1. A Golán
    2. A Hebrón
    3. **A Bet-avén**

Estudios Bíblicos para Niños
www.KidzFirstPublications.org

PREGUNTAS DE REVISIÓN PARA EXAMEN BÍBLICO

PREGUNTAS DE REVISIÓN - NIVEL AZUL (LECCIÓN OCHO: 1 SAMUEL 14:1-23)

1. ¿Cuántos hombre estaban con Saúl cuando se sentó debajo de un granado? (14:2)
   1. 30
   2. **600**
   3. 6000
   4. 6

2. ¿A quién le dijo Jonatán que el Señor podría hacer algo por medio de ellos? (14:6)
   1. Al rey
   2. A David
   3. A Saúl
   4. **A su escudero**

3. ¿Quién dijo: «Nada impide al Señor salvar con muchos o con pocos»? (14:6)
   1. Saúl
   2. David
   3. **Jonatán**
   4. El escudero de Jonatán

4. ¿Qué le dijo el escudero a Jonatán? (14:7)
   1. «Quiero que mates a los filisteos.»
   2. «No quiero seguirte.»
   3. **«Ve, he aquí que yo estoy contigo, a tu disposición.»**
   4. «Regresemos con Saúl.»

5. ¿Qué les gritaron los hombres en el destacamento a Jonatán y a su escudero? (14:10)
   1. «Váyanse de aquí.»
   2. «Tráigannos el resto de sus hombres.»
   3. **«Suban hasta nosotros.»**
   4. «No les tenemos miedo.»

6. ¿Cuándo subió el peñasco el escudero de Jonatán? (14:13)
   1. **Detrás de Jonatán**
   2. Delante de Jonatán
   3. Al día siguiente
   4. No subió con Jonatán.

7. ¿Quién envió el pánico al campamento filisteo? (14:15)
   1. Saúl
   2. **Dios**
   3. David
   4. Elí

8. Saúl le pidió a Ajías que le llevara algo, ¿qué era? (14:18)
   1. **El arca de Dios**
   2. Un mapa
   3. Su espada
   4. Todas las respuestas son correctas.

9. ¿Qué le dijo Saúl a Ajías cuando la confusión continuó en el campamento filisteo? (14:19)
   1. «Ayuda a los hombres a luchar.»
   2. **«¡Retira tu mano!»**
   3. «Toma el arca contigo y escóndete.»
   4. «Huye y escóndete en la cueva.»

10. ¿Qué hizo el Señor por Israel el día que los filisteos entraron en pánico? (14:23)
    1. **Los salvó.**
    2. No los ayudó.
    3. Les dijo a los israelitas adónde ir.
    4. Cesó a Saúl como su rey.

Estudios Bíblicos para Niños
www.KidzFirstPublications.org

PREGUNTAS DE REVISIÓN PARA EXAMEN BÍBLICO

PREGUNTAS DE REVISIÓN - NIVEL ROJO (LECCIÓN NUEVE: 1 SAMUEL 15:1-35)

1. ¿Qué quería el Señor que Saúl hiciera con los amalequitas? (15:3)

1. **Que los destruyera completamente a ellos y a todas sus pertenencias**
2. Que fuera amable con ellos
3. Que les ofreciera sus asnas

2. ¿Con cuántos hombres contaba Saúl para pelear contra los amalequitas? (15:4)

1. 1000 soldados de infantería
2. **200 000 soldados de infantería y 10 000 hombres de Judá**
3. 10 000 hombres de Moab

3. ¿Qué habían hecho los queneos por los israelitas? (15:6)

1. Los habían ayudado a pelear contra los cananeos.
2. Les habían dado trabajo.
3. **Habían tenido misericordia de todos los hijos de Israel cuando subieron de Egipto.**

4. ¿Qué hizo Samuel después de que Dios le dijo que se arrepentía de haber hecho rey a Saúl? (15:11)

1. Le escribió una carta a Saúl.
2. Le dijo a Saúl que ya no podía ser rey.
3. **Clamó al Señor toda la noche.**

5. ¿Qué trajo el ejército de Saúl de los amalequitas? (15:15)

1. Oro
2. **Lo mejor de las ovejas y de las vacas**
3. Vino y granos

6. ¿Cómo respondió Saúl cuando Samuel preguntó: «¿Por qué no has obedecido la voz del Señor»? (15:19-20)

1. «He obedecido la voz del Señor.»
2. «He destruido completamente a los amalequitas.»
3. **Todas las respuestas son correctas.**

7. ¿Quién dijo: «Se complace tanto el Señor en los holocaustos y en los sacrificios como en que la palabra del Señor sea obedecida»? (15:22)

1. Saúl
2. **Samuel**
3. David

8. ¿Qué rechazó Saúl que, a su vez, hizo que el Señor lo rechazara como rey? (15:23)

1. **La Palabra del Señor**
2. Ayuda de parte de Samuel
3. Todas las respuestas son correctas.

9. ¿Por qué Saúl cedió ante el pueblo en la batalla con Amalec? (15:24)

1. Quería hacerlos felices.
2. Le creía al pueblo.
3. **Le temía al pueblo.**

10. ¿Qué hizo Samuel con el rey Agag? (15:33)

1. **Lo mató.**
2. Lo envió a la casa.
3. Lo encarceló.

Estudios Bíblicos para Niños
www.KidzFirstPublications.org

PREGUNTAS DE REVISIÓN PARA EXAMEN BÍBLICO

PREGUNTAS DE REVISIÓN - NIVEL AZUL (LECCIÓN NUEVE: 1 SAMUEL 15:1-35)

1. ¿Qué quería el Señor que hiciera Saúl con los amalequitas? (15:3)
1. Que fuera amable con ellos
2. **Que los atacara**
3. Que les diera ganado
4. Que les diera tierras

2. Durante la batalla con los amalequitas, ¿a quiénes les perdonaron la vida Saúl y su ejército? (15:9)
1. Agag
2. A lo mejor de las ovejas y de las vacas
3. A los animales engordados
4. **Todas las respuestas son correctas.**

3. ¿Qué escucha Samuel a pesar de que Saúl había dicho: «He cumplido la palabra del Señor»? (15:14)
1. Peleas
2. **El balido de ovejas y el mugido de vacas**
3. Granjeros en el campo
4. Gente gritando

4. ¿Por qué el ejército de Saúl se llevó lo mejor de las ovejas y de las vacas de Amalec? (15:15)
1. Para tener comida
2. Para que los animales pudieran trabajar la tierra
3. **Para ofrecerlos en sacrificio al Señor**
4. Para poder venderlos por dinero

5. ¿Qué dijo Samuel que era mejor que el sebo de los carneros? (15:22)
1. Muchos siervos y amigos
2. Un rey digno de confianza
3. El ganado
4. **Prestar atención al Señor**

6. ¿Por qué el Señor rechazó a Saúl como rey? (15:23)
1. Saúl había asesinado a demasiadas personas.
2. Saúl no era valiente.
3. **Saúl rechazó la Palabra del Señor.**
4. Saúl habló la Palabra de Dios.

7. ¿Qué hizo Saúl cuando Samuel se volvió para irse? (15:27)
1. Saúl lo encarceló.
2. Saúl le habló.
3. Saúl lo hizo caer.
4. **Saúl rasgó el extremo de su manto.**

8. ¿Con qué palabras describió Samuel a Dios? (15:29)
1. **«Él no es hombre para que se arrepienta.»**
2. «Es amable.»
3. «Alguien que lo observa todo el tiempo»
4. Todas las respuestas son correctas.

9. ¿Por qué Saúl quería que Samuel regresara con él después de la batalla con los amalequitas? (15:30)
1. Para parecer valiente
2. **Para adorar al Señor**
3. Para ser respetado
4. Para que el pueblo confiara en él

10. ¿Qué pensó el rey Agag cuando fue llevado ante Samuel? (15:32)
1. «Espero que no me mate.»
2. **«Ciertamente ya ha pasado la amargura de la muerte.»**
3. «Quiero ser el rey de los israelitas.»
4. «Debo matar a Saúl.»

Estudios Bíblicos para Niños
www.KidzFirstPublications.org

PREGUNTAS DE REVISIÓN PARA EXAMEN BÍBLICO

PREGUNTAS DE REVISIÓN - NIVEL ROJO (LECCIÓN DIEZ: 1 SAMUEL 16:1-23)

1. ¿Quién era el padre del segundo rey de Israel? (16:1)
   1. **Isaí**
   2. David
   3. Saúl

2. ¿Qué le preguntaron los ancianos de Belén a Samuel cuando él llegó? (16:4)
   1. **«¿Es pacífica tu venida?»**
   2. «¿A quién querías ver?»
   3. «¿Dónde te hospedas?»

3. ¿Qué dijo el Señor cuando Samuel pensó que Eliab debía ser el próximo rey? (16:6-7)
   1. «¿Crees que él es la mejor opción?»
   2. **«No mires su apariencia, el Señor mira el corazón.»**
   3. Todas las respuestas son correctas.

4. ¿Qué dijo el Señor que él miraba? (16:7)
   1. **El corazón**
   2. La apariencia
   3. Todas las respuestas con correctas.

5. ¿Qué dijo Isaí cuando Samuel preguntó: «¿Son estos todos los jóvenes?»? (16:11)
   1. «No tengo más hijos.»
   2. **«Todavía queda el menor.».**
   3. «Solo me quedan hijas mujeres.».

6. ¿Cómo era David físicamente? (16:12)
   1. Pequeño, pero fuerte
   2. **Era de tez sonrosada, de bellos ojos y de buena presencia.**
   3. Joven y bajito

7. ¿Qué dijo el Señor cuando David se presentó ante Samuel? (16:12)
   1. «No lo unjas.»
   2. «Él será un buen sacerdote.»
   3. **«¡Levántate y úngelo, porque este es!»**

8. ¿Qué esperaban que sucediera los servidores de Saúl al traerle un arpa? (16:16)
   1. **Esperaban que Saúl se sintiera mejor.**
   2. Esperaban que Saúl les diera más dinero.
   3. Esperaban que Saúl los liberara.

9. ¿Cómo describían los servidores de Saúl a David? (16:18)
   1. **Valiente y hombre de guerra**
   2. Débil
   3. No tan grande como sus hermanos

10. ¿Qué sucedía con Saúl cuando David tocaba el arpa? (16:23)
    1. Saúl danzaba.
    2. **Saúl se sentía mejor y el espíritu malo se apartaba de él.**
    3. No sucedía nada.

Estudios Bíblicos para Niños
www.KidzFirstPublications.org

1 y 2 de Samuel

PREGUNTAS DE REVISIÓN PARA EXAMEN BÍBLICO

PREGUNTAS DE REVISIÓN - NIVEL AZUL (LECCIÓN DIEZ: 1 SAMUEL 16:1-23)

1. ¿Qué animal quiso el Señor que Samuel llevara cuando conoció a Isaí? (16:2)

1. **Una vaquilla**
2. Una oveja
3. Un cabrito
4. Un ave

2. ¿Qué hicieron los ancianos de Belén cuando vieron a Samuel? (16:4)

1. Oraron.
2. Le dieron la bienvenida.
3. **Temblaron.**
4. Le hicieron reverencia.

3. ¿Qué dijo el Señor cuando Samuel pensó que Eliab debía ser rey? (16:6-7)

1. «¿Qué piensas sobre él?»
2. **«No mires su apariencia, el Señor mira el corazón.»**
3. «Él será un buen sacerdote.»
4. «Creo que es fuerte y honesto.»

4. ¿Cómo era David físicamente? (16:12)

1. **Tenía buena apariencia.**
2. Tenía el cabello brillante.
3. Tenía brazos musculosos.
4. Parecía feliz.

5. ¿Qué dijo el Señor cuando David fue llevado ante Samuel? (16:12)

1. «Este no es quien yo elegí.»
2. «Elige a otro de los hijos de Isaí.»
3. **«¡Levántate y úngelo, porque este es!»**
4. «Dile a David que me honre.»

6. ¿Qué le hizo Samuel a David en presencia de sus hermanos? (16:13)

1. Le dijo que no quería que fuera rey.
2. **Tomó el cuerno de aceite y lo ungió.**
3. Se rio de él.
4. Lo envió de regreso al campo.

7. Los servidores de Saúl dijeron que buscarían a alguien, ¿a quién? (16:16)

1. **A alguien que tocara el arpa**
2. A alguien que adivinara el futuro
3. A alguien que fuera el próximo rey
4. A alguien que liderara el ejército

8. Saúl quería que le trajeran a uno de los hijos de Isaí, ¿a cuál? (16:19)

1. A Eliab
2. A Sama
3. **A David**
4. A Abinadab

9. ¿Qué envió Isaí con David cuando este fue con Saúl? (16:20)

1. **Pan, un cabrito y un odre de vino**
2. Frutas y vegetales
3. Granos y ropa nueva
4. Vacas y ovejas

10. David fue ante Saúl y se quedó a su servicio ¿Cómo respondió Saúl a la presencia de David? (16:22)

1. Le dijo que se fuera y no regresara.
2. **Le agradó mucho.**
3. Se enojaba cuando David tocaba el arpa.
4. Le dijo a sus siervos que lo sacaran de allí.

Estudios Bíblicos para Niños
www.KidzFirstPublications.org

PREGUNTAS DE REVISIÓN PARA EXAMEN BÍBLICO

PREGUNTAS DE REVISIÓN - NIVEL ROJO (LECCIÓN ONCE: 1 SAMUEL 17:1-51)

1. ¿Qué le dijo Goliat a los israelitas? (17:8)
1. **Que eligieran a un hombre para pelear contra él**
2. Que se fueran a su casa
3. Que se prepararan para la batalla

2. ¿Qué le dijo Isaí a David que hiciera? (17:17)
1. Que peleara contra Goliat
2. Que regresara y cuidara a las ovejas
3. **Que le llevara granos y pan a sus hermanos**

3. ¿Qué dijo David después de ver a Goliat? (17:26)
1. «¿Qué harán por el hombre que venza a ese filisteo?»
2. «¿Quién es ese filisteo incircunciso para que desafíe a los escuadrones del Dios viviente?»
3. **Todas las respuestas son correctas.**

4. ¿Qué le dijo Saúl a David sobre pelear con Goliat? (17:33)
1. **«Tú solo eres un muchacho.»**
2. «Él es grande y muy fuerte.»
3. «No deberías pelear con él.»

5. ¿Cómo vistió Saúl a David? (17:38)
1. Con su túnica
2. Con su armadura y su casco de bronce
3. **Todas las respuestas son correctas.**

6. ¿Qué llevó David a la batalla contra Goliat? (17:40)
1. Un arco y una flecha
2. Una espada y un escudo
3. **Una honda, cinco piedras y un cayado**

7. ¿Qué dijo Goliat cuando vio a David? (17:43)
1. «No eres rival para mí.»
2. **«¿Acaso soy yo un perro para que vengas contra mí con palos?».**
3. «¿Qué harás con esas piedras?»

8. ¿Qué le dijo David a Goliat antes de lanzar la piedra? (17:45, 47)
1. «Mis hermanos te temen.»
2. «He matado osos, no tengo miedo.»
3. **«Yo voy contra ti en el nombre del Señor de los Ejércitos.»**

9. ¿Dónde golpeó la piedra que David lanzó contra Goliat? (17:49)
1. **En su frente**
2. En su pecho
3. En su pierna

10. ¿Qué hicieron los filisteos cuando vieron que Goliat estaba muerto? (17:51)
1. Corrieron hacia los israelitas.
2. **Huyeron.**
3. Clamaron a sus dioses.

PREGUNTAS DE REVISIÓN PARA EXAMEN BÍBLICO

PREGUNTAS DE REVISIÓN - NIVEL AZUL (LECCIÓN ONCE: 1 SAMUEL 17:1-51)

1. ¿Quiénes dispusieron la batalla contra los filisteos? (17:2)
1. Los amalequitas
2. Samuel y los sacerdotes
3. **Saúl y los israelitas**
4. Los amoritas y los sacerdotes

2. ¿Qué dijo Goliat sobre el hombre que Israel elegiría para luchar contra él? (17:9)
1. «Si lo mato, haremos un banquete en su tabernáculo.»
2. **«Si él puede luchar conmigo y me vence, nosotros seremos sus esclavos.»**
3. «Tengo miedo del que han elegido para luchar contra mí.»
4. «Pueden elegir 4 hombres para que peleen contra mí.»

3. ¿Cuántos hijos tenía Isaí? (17:12)
1. **8**
2. 9
3. 10
4. 12

4. Según los israelitas, ¿qué le daría el rey a quien venciera a Goliat? (17:25)
1. Todo el campo
2. **Grandes riquezas y la mano de su hija en matrimonio**
3. Todas las ovejas que pertenecían al rey
4. Todas las respuestas son correctas.

5. ¿Por qué Saúl dijo que David no podría pelear contra Goliat? (17:33)
1. «No sabes nada sobre la guerra.»
2. **«Tú eres un muchacho.»**
3. «Eres muy pequeño.»
4. «Solo eres un pastor.»

6. ¿Cómo respondió David a Saúl cuando este le dijo que no podría pelear contra Goliat? (17:34-37)
1. «He matado tanto a leones como a osos.»
2. «He estado cuidando las ovejas de mi padre.»
3. «El Señor me librará de la mano de los filisteos.»
4. **Todas las respuestas son correctas.**

7. ¿Qué llevó David a la batalla contra Goliat? (17:40)
1. **Un cayado, una honda y cinco piedras**
2. Una espada
3. Una lanza
4. Todas las respuestas son correctas.

8. ¿Qué dijo Goliat cuando vio que David venía a pelear contra él? (17:43)
1. **«¿Acaso soy yo un perro para que vengas contra mí con palos?»**
2. «Eres muy pequeño para pelear conmigo.»
3. «¿Dónde está tu armadura?»
4. «Dile a tus hermanos que vengan a ayudarte.»

9. ¿Qué le dijo David a Goliat antes de arrojarle la piedra? (17:46-47, 49)
1. «El Señor no libra con espada ni con lanza.»
2. «El Señor te entregará hoy en mi mano.»
3. «¡Del Señor es la batalla! ¡Y él te entregará en nuestra mano!»
4. **Todas las respuestas son correctas.**

10. ¿Qué sucedió cuando David le arrojó la piedra a Goliat? (17:49-50)
1. **La piedra golpeó la frente de Goliat y murió.**
2. Goliat se rio de David.
3. La piedra no golpeó a Goliat.
4. Goliat huyó.

Estudios Bíblicos para Niños
www.KidzFirstPublications.org

PREGUNTAS DE REVISIÓN PARA EXAMEN BÍBLICO

PREGUNTAS DE REVISIÓN - NIVEL ROJO
(LECCIÓN DOCE: 1 SAMUEL 18:1-16, 28-30; 19:1-18)

1. ¿Por qué David no volvió con su familia después de matar a Goliat? (18:2)
   1. David se enamoró de la vida en el palacio.
   2. Era muy peligroso viajar tan lejos.
   3. **Saúl no quiso que David regresara.**

2. ¿Quién hizo un pacto con David porque lo amaba como a sí mismo? (18:3)
   1. **Jonatán**
   2. Saúl
   3. Samuel

3. ¿Qué le dio Saúl a David por su éxito? (18:5)
   1. Mucho dinero
   2. **Un alto rango en el ejército**
   3. Ganado

4. ¿A quién le agradaba el alto rango de David? (18:5)
   1. A los hermanos de David
   2. Al padre de David
   3. **A la tropa y a los servidores de Saúl**

5. ¿Qué estaba haciendo David cuando Saúl intentó clavarlo en la pared con una lanza? (18:10-11)
   1. Hablaba con Samuel.
   2. **Tocaba el arpa.**
   3. Luchaba contra el enemigo.

6. Saúl se dio cuenta de que David estaba enamorado de alguien, ¿de quién? (18:28)
   1. **De la hija de Saúl, Mical**
   2. De la esposa de Saúl
   3. Del mejor amigo de Saúl

7. ¿A quién le dijo Saúl que matara a David? (19:1)
   1. A los hermanos de David
   2. A su hija
   3. **A su hijo Jonatán**

8. ¿Qué hizo Saúl cuando Jonatán le habló bien de David? (19:4-6)
   1. Le pidió perdón a Jonatán.
   2. **Prometió que no mataría a David.**
   3. Lloró porque había sido desleal a David.

9. ¿Qué le avisó a David su esposa, Mical? (19:11)
   1. «No temas a Saúl.»
   2. «David vendrá y nos ayudará.»
   3. **«Si no salvas tu vida esta noche, mañana estarás muerto.»**

10. Después de la huida de David, ¿qué objeto puso Mical sobre la cama para engañar a los hombres de Saúl? (19:12-13)
    1. Un ladrillo con lana de cordero
    2. Un frasco con pasto seco
    3. **Un ídolo con cuero de cabra**

Estudios Bíblicos para Niños
www.KidzFirstPublications.org

1 y 2 de Samuel

PREGUNTAS DE REVISIÓN PARA EXAMEN BÍBLICO

PREGUNTAS DE REVISIÓN - NIVEL AZUL
(LECCIÓN DOCE: 1 SAMUEL 18:1-16, 28-30; 19:1-18)

1. ¿Qué le dio Jonatán a David? (18:4)
1. Una oveja
2. **Su manto, su túnica, su espada, su arco y su cinturón**
3. Todo el oro del palacio
4. Todas las respuestas son correctas.

2. ¿Qué hicieron las mujeres cuando los hombres regresaron a casa después de que David matara a Goliat? (18:6)
1. Estaban tristes por Goliat.
2. **Cantaban y danzaban.**
3. Pidieron ver a Saúl.
4. Preguntaron si David estaba herido.

3. ¿Por qué Saúl le tenía miedo a David? (18:12)
1. **Porque el Señor estaba con David, pero se había apartado de Saúl**
2. Porque David era fuerte y astuto
3. Porque Samuel aprobaba a David, pero no a Saúl
4. Todas las respuestas son correctas.

4. ¿Qué observó Saúl sobre su hija Mical? (18:28)
1. Estaba enojada con Saúl.
2. Estaba enojada con su madre.
3. No quería casarse.
4. **Amaba a David.**

5. ¿Quién convenció a Saúl para que dejara vivir a David? (19:4-6)
1. Samuel
2. El Señor
3. Mical
4. **Jonatán**

6. ¿Qué hizo Jonatán después de que Saúl le prometiera no matar a David? (19:6-7)
1. Envió lejos a David.
2. Huyó de Saúl.
3. **Le contó a David sobre su conversación con Saúl.**
4. Preparó un banquete para David.

7. ¿Qué hizo Saúl cuando vino sobre él un espíritu malo de parte del Señor? (19:9-10)
1. Cantó canciones.
2. Les gritó a sus sacerdotes.
3. **Intentó clavar a David en la pared con su lanza.**
4. Le arrojó una lanza a Jonatán.

8. ¿Qué hizo Mical cuando los hombres de Saúl vinieron a buscar a David? (19:11-13)
1. Le advirtió a David.
2. Ayudó a David a escapar por una ventana.
3. Puso un ídolo con cuero de cabra en la cama de David.
4. **Todas las respuestas son correctas.**

9. ¿Qué les dijo Mical a los hombres de Saúl cuando vinieron por David? (19:14)
1. **«Está enfermo.»**
2. «No pueden visitarlo.»
3. «No está aquí.»
4. «Se está escondiendo en el techo.»

10. ¿A quién fue a buscar David después de que Mical lo ayudó a escapar? (19:18)
1. Jonatán
2. **Samuel**
3. A Isaí
4. A sus hermanos

Estudios Bíblicos para Niños
www.KidzFirstPublications.org

PREGUNTAS DE REVISIÓN PARA EXAMEN BÍBLICO

PREGUNTAS DE REVISIÓN - NIVEL ROJO
(LECCIÓN TRECE: 1 SAMUEL 21:1-9; 22:6-23; 23:14-18)

1. ¿Quién se sorprendió cuando se encontró con David en Nob? (21:1)
1. Saúl
2. Samuel
3. **Ajimelec, el sacerdote**

2. ¿Qué objeto le dijo Ajimelec que podía tomar si quería? (21:9)
1. **La espada de Goliat**
2. La lanza de Saúl
3. El escudo de Jonatán

3. ¿Qué oyó Saúl acerca de David y sus hombres cuando estaba sentado debajo del tamarisco? (22:6)
1. **Que los habían hallado**
2. Que no los pudieron encontrar
3. Que querían rendirse

4. ¿Qué les dijo Saúl a sus hombres después de enterarse de que habían hallado a David? (22:8)
1. «Les ordené matarlo.»
2. **«Ninguno se conduela de mí.»**
3. Todas las respuestas son correctas.

5. ¿Qué hizo Saúl después de que Doeg le dijera que Ajimelec había ayudado a David? (22:9-11)
1. Le lanzó su lanza a Doeg.
2. Lloró porque estaba triste.
3. **Envió a buscar a Ajimelec y todos los hombres de su familia.**

6. ¿Qué les ordenó Saúl a sus guardias que hicieran con los sacerdotes de Nob? (22:17)
1. Que les agradecieran
2. **Que los mataran**
3. Que los reprendieran

7. ¿Quién no quiso matar a los sacerdotes de Nob? (22:17)
1. Doeg
2. Saúl
3. **La escolta del rey**

8. ¿Quién escapó de Nob y huyó tras David? (22:20)
1. Doeg el edomita
2. **Abiatar, hijo of Ajimelec**
3. Jonatán

9. ¿Qué le dijo David a Abiatar después de que este le contara sobre el asesinato de los sacerdotes? (22:22-23)
1. **«Quédate conmigo; no temas.»**
2. «Deberíamos escondernos.»
3. «No estamos seguros.»

10. ¿Quién fue a David en Hores y lo ayudó a encontrar fortaleza en Dios? (23:16)
1. Samuel
2. **Jonatán**
3. Mical

Estudios Bíblicos para Niños
www.KidzFirstPublications.org

PREGUNTAS DE REVISIÓN PARA EXAMEN BÍBLICO

PREGUNTAS DE REVISIÓN - NIVEL AZUL
(LECCIÓN TRECE: 1 SAMUEL 21:1-9; 22:6-23; 23:14-18)

1. ¿Qué arma le pidió David a Ajimelec? (21:8)
1. Un hacha
2. Una cuerda fuerte de tres hebras
3. Un arco y una flecha
4. **Una lanza o espada**

2. ¿Qué dijo David sobre la espada que le dio Ajimelec? (21:9)
1. «No la quiero si perteneció a Goliat.»
2. **«¡Ninguna hay como esa! ¡Dámela!»**
3. «Preferiría tener un arco y una flecha.»
4. «No puedo usar esta espada.»

3. ¿De qué acusó Saúl a sus hombres después de saber que habían hallado a David en Nob? (22:8)
1. De no hacer su trabajo
2. De estar en el lugar equivocado
3. **De no preocuparse por Saúl**
4. De perderse

4. ¿Qué hizo Saúl después de que Doeg le dijo que Ajimelec había ayudado a David? (22:10-11)
1. Lanzó su lanza a Ajimelec.
2. **Envió por Ajimelec y todos los hombres de su familia.**
3. Les dijo a sus hombres que se fueran a casa.
4. Le dijo a Jonatán que matara a Ajimelec.

5. ¿Qué le dijo Saúl a Ajimelec que le pasaría a él y a toda su familia? (22:16)
1. **Que morirían**
2. Que tendrían que vivir en otro lugar
3. Que se convertirían en esclavos
4. Que serían recompensados

6. ¿Quién no estuvo dispuesto a seguir las órdenes de Saúl y herir a los sacerdotes? (22:17)
1. Doeg
2. **La escolta de Saúl**
3. David
4. Jonatán

7. ¿Quién mató a 85 sacerdotes y a todos en Nob? (22:18-19)
1. **Doeg**
2. David
3. Saúl
4. La escolta de Saúl

8. ¿Quién le dijo a David sobre la matanza de los sacerdotes? (22:20-21)
1. Jonatán
2. Saúl
3. **Abiatar, hijo de Ajimelec**
4. La escolta de Saúl

9. ¿Qué le dijo David a Abiatar? (22:22-23)
1. «Debes esconderte, te van a intentar matar también.»
2. **«Conmigo estarás seguro.»**
3. «No creo lo que dices.»
4. «Ve y tráeme algo de comer.»

10. ¿Qué hizo Jonatán por David en Hores? (23:16)
1. Le encontró una cueva para dormir.
2. Le encontró una esposa.
3. **Lo ayudó a encontrar fortaleza en Dios.**
4. Le llevó provisiones.

PREGUNTAS DE REVISIÓN PARA EXAMEN BÍBLICO

PREGUNTAS DE REVISIÓN - NIVEL ROJO (LECCIÓN CATORCE: 1 SAMUEL 24:1-22)

1. ¿Cuántos hombres necesitó Saúl para buscar a David cerca de las cumbres de los peñascos de las cabras monteses? (24:2)

1. **3000**
2. 12
3. 300

2. ¿Quién entró en la cueva donde se escondían David y sus hombres? (24:3)

1. Jonatán
2. **Saúl**
3. Samuel

3. ¿Qué le dijeron sus hombres a David cuando vieron a Saúl entrar en la cueva? (24:4)

1. «Ataquémoslo.»
2. **«Este es el día del cual te dijo el Señor.»**
3. «Tenemos miedo. Deberíamos irnos.»

4. ¿Cómo se sintió David después de cortar el borde del manto de Saúl? (24:5)

1. Temeroso
2. Feliz
3. **Culposo**

5.]Qué les dijo David a sus hombres después de cortar el borde del manto de Saúl? (24:6)

1. «Tenemos que guardar esto para más adelante.»
2. «Me alegro de que haya entrado en la cueva.»
3. **«El Señor me libre de hacer tal cosa contra mi señor»**

6. ¿Cómo mostró David respeto a Saúl cuando Saúl salió de la cueva? (24:8)

1. Lo llamó santo.
2. **Se inclinó rostro en tierra.**
3. Le dio una túnica nueva.

7. ¿Qué le dijo David a Saúl cuando Saúl salió de la cueva? (24:10)

1. «Tuviste suerte. Mis hombres podrían haberte hecho daño.»
2. **«Tus ojos han visto en este día cómo el SEÑOR te ha puesto hoy en mi mano en la cueva.»**
3. «¿No sabías que estábamos en la cueva contigo?»

8. ¿Quién dijo: «Que el Señor juzgue entre tú y yo»? (24:12)

1. Saúl
2. Samuel
3. **David**

9. ¿Quién dijo «Tú me has tratado bien, cuando yo te he tratado mal»? (24:17)

1. David
2. **Saúl**
3. Samuel

10. ¿Qué le prometió David a Saúl? (24:21-22)

1. Que David no intentaría convertirse en rey
2. **Que David no mataría a los descendientes de Saúl ni borraría su nombre**
3. Que David huiría y Saúl nunca más lo volvería a ver

Estudios Bíblicos para Niños
www.KidzFirstPublications.org

1 y 2 de Samuel

PREGUNTAS DE REVISIÓN PARA EXAMEN BÍBLICO

PREGUNTAS DE REVISIÓN - NIVEL AZUL (LECCIÓN CATORCE: 1 SAMUEL 24:1-22)

1. ¿Adónde fue Saúl que también era escondite de David y sus hombres? (24:3)

1. **A una cueva**
2. A la choza de un pastor
3. Entre los rediles de ovejas
4. Bajo de una hilera de arbustos

2. ¿Qué le dijeron los hombres de David cuando vieron a Saúl en la cueva? (24:4)

1. «Deberíamos atacarlo.»
2. **«Este es el día del cual te dijo el Señor: "He aquí, yo entregaré a tu enemigo en tu mano".»**
3. «Cállate para que no te escuche.»
4. «Tenemos miedo, deberíamos irnos ahora.»

3. ¿Qué fue lo que hizo David en la cueva y Saúl no notó? (24:4)

1. Le robó la túnica a Saúl.
2. Les hizo señas a sus hombres.
3. **Cortó el borde del manto de Saúl.**
4. Salió de la cueva y huyó.

4. ¿Qué hizo David con sus hombres después de cortar el borde del manto de Saúl? (24:5-7)

1. Les ordenó atacar a Saúl.
2. **Los reprendió y no permitió que atacaran a Saúl.**
3. Les preguntó qué pensaban que debía hacer.
4. Les dijo que salieran de la cueva.

5. ¿Qué hizo David después de salir de la cueva y gritar detrás de Saúl? (24:8)

1. Lloró en voz alta
2. Prometió servir a Saúl siempre.
3. **Inclinó su rostro a tierra y se postró.**
4. Le preguntó dónde estaba Jonatán.

6. ¿Quién dijo David que vengaría los males que Saúl le había hecho? (24:12)

1. **El Señor**
2. David mismo
3. Los siervos de David
4. Jonatán

7. ¿Cómo dijo David que el Señor lo ayudaría? (24:15)

1. Haciendo desaparecer a Saúl
2. **Defendiéndolo de la mano de Saúl**
3. Enviando a alguien a matar a Saúl
4. Pidiéndole a los siervos de Saúl que lo sacaran de la tierra

8. ¿Quién dijo: «El Señor me entregó en tu mano, y tú no me mataste»? (24:18)

1. David
2. **Saúl**
3. Los hombres de Saúl
4. Jonatán

9. Según Saúl, ¿en qué seguramente se convertiría David en el futuro? (24:20)

1. En un hombre perseguido
2. **En un rey**
3. En un mendigo
4. Un dueño de muchas cabezas de ganado

10. ¿Qué le hizo prometer Saúl a David después de decirle que sería rey? (24:21)

1. Que le daría un lugar en el palacio
2. **Que no mataría a sus descendientes ni borraría su nombre**
3. Que trataría a su hija con amabilidad
4. Que le daría la mejor tierra

Estudios Bíblicos para Niños
www.KidzFirstPublications.org

1 y 2 de Samuel

PREGUNTAS DE REVISIÓN PARA EXAMEN BÍBLICO

PREGUNTAS DE REVISIÓN - NIVEL ROJO (LECCIÓN QUINCE: 1 SAMUEL 25:1-42)

1. ¿Cómo describe la Biblia a Nabal? (25:2-3)
1. Pobre
2. Poco inteligente
3. **Un hombre rico, pero malo**

2. ¿Quién dice la Biblia que era muy inteligente y bella? (25:3)
1. **Abigail**
2. La sierva de David
3. La madre de Saúl

3. Mientras David estaba en el desierto, oyó que Nabal estaba haciendo algo ¿qué hacía? (25:4)
1. Trillaba trigo
2. **Esquilaba ovejas**
3. Pastoreaba cabras

4. David envió a diez jóvenes a que le digan algo a Nabal, ¿qué debían decirle? (25:5-8)
1. «Tus pastores han estado con nosotros, y nunca les hicimos daño.»
2. «Por favor, da a tus siervos y a tu hijo David lo que tengas a mano.»
3. **Todas las respuestas son correctas.**

5. ¿Cuántos hombres ciñeron sus espadas para ir con David a encontrarse con Nabal? (25:13)
1. 40
2. 100
3. **400**

6. ¿Qué tomó Abigail con ella para ir a conocer a David? (25:18)
1. Ropa y mantas
2. **Panes, ovejas, torta de pasas y panes de higo seco**
3. Oro y plata

7. ¿Qué dijo David acerca de Nabal justo antes de conocer a Abigail? (25:21)
1. **«Él me ha devuelto mal por bien.»**
2. «¡Que Dios trate con justicia a este hombre malvado!»
3. «Lo perdonaré.»

8. ¿Quién le dijo a David que no le hiciera caso a Nabal? (25:25)
1. **Abigail**
2. Los siervos de Abigail
3. Los hombres de David

9. ¿Qué le dijo David a Abigail después de que ella rogara perdón por Nabal? (25:28, 32-33, 35)
1. «¿Por qué Nabal no vino a verme?»
2. «Nabal es un hombre malvado. No puedo perdonarlo.»
3. **«He escuchado tu voz.»**

10. ¿Qué le pidió David a Abigail después de oír que Nabal había muerto? (25:39)
1. Que vaya y esquilara las ovejas
2. Que sacara agua para los camellos
3. **Que sea su esposa**

Estudios Bíblicos para Niños
www.KidzFirstPublications.org

1 y 2 de Samuel

PREGUNTAS DE REVISIÓN PARA EXAMEN BÍBLICO

PREGUNTAS DE REVISIÓN - NIVEL AZUL (LECCIÓN QUINCE: 1 SAMUEL 25:1-42)

1. ¿Quién acababa de morir cuando David descendió al desierto de Parán? (25:1)
1. **Samuel**
2. Nabal
3. Abigail
4. Saúl

2. ¿Quién tenía posesiones en Carmel? (25:2-3)
1. Saúl
2. Samuel
3. Jonatán
4. **Nabal**

3. ¿Cuántas cabras y ovejas tenía Nabal? (25:2)
1. 10 cabras
2. 100 ovejas
3. 10 cabras y 10 ovejas
4. **1000 cabras y 3000 ovejas**

4. ¿A quién describían como «brusco y de malas acciones»? (25:3)
1. A David
2. **A Nabal**
3. A Samuel
4. A Saúl

5. ¿Cómo respondió Nabal al pedido de David? (25:10-11)
1. Dijo que lo ayudaría.
2. **Preguntó: «¿Quién es David?»**
3. Dijo que consideraría su pedido.
4. Dijo que su siervo le daría a David 4 cabras.

6. ¿Qué hizo Abigail cuando supo lo que Nabal le había hecho a David? (25:18-20)
1. Le gritó a Nabal.
2. Les dijo a sus siervos que tenían que abandonar a Nabal porque él era malo.
3. **Cargó comida en unos asnos y se la llevó a David.**
4. Le agradeció a Nabal.

7. ¿Qué fue lo primero que le dijo Abigail a David? (25:24)
1. «Siempre he querido conocerlo.»
2. **«Sea la culpa sobre mí y escucha las palabras de tu sierva.»**
3. «Nabal me dijo que viniera y le pidiera disculpas.»
4. «No mate a mi esposo. Él está arrepentido.».

8. ¿Quién le dijo a David: «Te ruego que perdones la ofensa de tu sierva»? (25:28)
1. Saúl
2. **Abigail**
3. Jonatán
4. Samuel

9. ¿Qué fue lo primero que David le dijo a Abigail? (25:32)
1. **«¡Bendito sea el Señor Dios de Israel, que te envió hoy a mi encuentro!»**
2. «¿Nabal sabe que estás aquí?»
3. «¿Qué regalos has traído contigo?»
4. «No veo ningún siervo contigo.»

10. ¿Qué le preguntó David a Abigail después de enterarse de que Nabal había muerto? (25:39)
1. **Si quería ser su esposa**
2. Si necesitaba ayuda con las ovejas
3. Si estaba triste
4. Si necesitaba más siervos

PREGUNTAS DE REVISIÓN PARA EXAMEN BÍBLICO

PREGUNTAS DE REVISIÓN - NIVEL ROJO
(LECCIÓN DIECISÉIS: 1 SAMUEL 31:1-6; 2 SAMUEL 2:1-17; 3:1; 5:1-5)

1. ¿Qué hicieron los filisteos con los hijos de Saúl, Jonatán, Abinadab y Malquisúa? (31:2)

1. Les dieron regalos.
2. Los hicieron líderes sobre las tribus.
3. **Los mataron.**

2. Después de ser herido en la batalla, ¿qué le dijo Saúl a su escudero? (31:4)

1. **«Saca tu espada y atraviésame con ella.»**
2. «Ve y búscame ayuda.»
3. «Ve y tráeme a mis hijos.»

3. ¿Cómo se sintió el escudero de Saúl cuando Saúl le pidió que lo matara? (31:4)

1. Feliz
2. **Aterrado**
3. Triste

4. ¿Adónde le dijo el Señor a David que fuera cuando David le preguntó si debía subir a alguna de las ciudades de Judá? (2 Samuel 2:1)

1. **A Hebrón**
2. A Jerusalén
3. A Belén

5. ¿Qué hicieron los hombres de Judá cuando llegaron a Hebrón? (2:4)

1. **Ungieron a David como rey sobre la casa de Judá.**
2. Le pidieron a David que dirigiera sus ejércitos.
3. Se llevaron todos los animales de David.

6. ¿Quién dijo: «Y ahora, fortalezcan sus manos y sean hombres valientes; porque ha muerto Saúl su señor»? (2:7)

1. Benjamín
2. Jonatán
3. **David**

7. Incluso después de que Isboset, hijo de Saúl, se convirtió en rey, ¿a quién permaneció leal la tribu de Judá? (2:10)

1. A Saúl
2. **A David**
3. A Jonatán

8. Cuando las tribus de Israel vinieron a David en Hebrón, ¿qué dijeron? (5:1)

1. **«Somos hueso tuyo y carne tuya.»**
2. «Eres muy joven para ser nuestro rey.»
3. «No queremos que seas nuestro rey.»

9. ¿Cuántos años tenía David cuando fue ungido rey? (5:4)

1. 20 años
2. **30 años**
3. 50 años

10. ¿Cuánto tiempo David gobernó como rey? (5:4)

1. Cinco años
2. **Cuarenta años**
3. Seis años

PREGUNTAS DE REVISIÓN PARA EXAMEN BÍBLICO

PREGUNTAS DE REVISIÓN - NIVEL AZUL
(LECCIÓN DIECISÉIS: 1 SAMUEL 31:1-6; 2 SAMUEL 2:1-17; 3:1; 5:1-5)

1. ¿Qué sucedió con Saúl cuando los arqueros filisteos lo encontraron? (31:3)
1. Saúl mató al capitán del ejército filisteo.
2. Saúl les pidió que lo perdonaran.
3. **Saúl fue herido gravemente.**
4. No hirieron a Saúl.

2. ¿A quién le dijo Saúl que lo matara con la espada? (31:4)
1. **A su escudero**
2. Al capitán filisteo
3. A sus hijos
4. A David

3. ¿Qué hizo el escudero cuando vio que Saúl había muerto? (31:5)
1. Corrió en busca de ayuda.
2. Se escondió en la cueva.
3. **Se dejó caer sobre su espada y murió con Saúl.**
4. Envió a buscar a los hijos de Saúl.

4. ¿Quién murió el mismo día que Saúl? (31:6)
1. Los tres hijos de Saúl
2. El escudero de Saúl
3. Todos los hombres de Saúl
4. **Todas las respuestas son correctas.**

5. ¿A quién llevó David con él después de que el Señor le dijera que fuese a Hebrón? (2 Samuel 2:2-3)
1. A los siervos que habían quedado de los ejércitos de Saúl
2. A los tres hijos de Saúl
3. **A los hombres que estaban con él y sus familias**
4. A los siervos y amigos de Abigail

6. ¿Qué les dijo David a los hombres de Jabes en Galaad? (2:4-5)
1. «¿De dónde vienen?»
2. **«Benditos sean del Señor, porque han hecho esta bondad a Saúl su señor, y le han dado sepultura.»**
3. «¿Nos ayudarían a mover a estos animales?»
4. «¿Saben dónde podemos encontrar a los hijos de Saúl?»

7. ¿Cuánto duró la guerra entre la casa de Saúl y la casa de David? (3:1)
1. No mucho
2. Solo unos días
3. **Mucho tiempo**
4. Un día

8. En la guerra entre la casa de Saúl y la casa de David, ¿qué sucedió con la casa de David? (3:1)
1. Se rindió.
2. Se debilitó.
3. Se enfermó.
4. **Se fortaleció más y más.**

9. ¿Qué le dijeron las tribus de Israel a David en Hebrón? (5:1)
1. «No queremos que seas nuestro rey.»
2. **«Somos hueso tuyo y carne tuya.»**
3. «Es tu culpa que Saúl esté muerto.»
4. «Encuéntranos otro rey.»

10. ¿Cuántos años tenía David cuando comenzó a reinar? (5:4)
1. 18 años
2. **30 años**
3. 55 años
4. 70 años

Estudios Bíblicos para Niños
www.KidzFirstPublications.org

PREGUNTAS DE REVISIÓN PARA EXAMEN BÍBLICO

PREGUNTAS DE REVISIÓN - NIVEL ROJO
(LECCIÓN DIECISIETE: 2 SAMUEL 5:6–6:19)

1. ¿Qué otro nombre recibía la Ciudad de David? (5:7)
   1. Belén
   2. **Sión**
   3. Hebrón

2. ¿Qué le envió el rey Hiram a David? (5:11)
   1. **Madera de cedro, carpinteros y canteros para los muros**
   2. Armas y comida
   3. Ganado

3. ¿Quién le preguntó al Señor: «¿Subiré contra los filisteos?»? (5:19)
   1. Samuel
   2. **David**
   3. Natán

4. ¿Dónde colocaron los israelitas el arca de Dios cuando la sacaron de Baala? (6:3)
   1. **En una carreta nueva**
   2. En una tienda
   3. En el palacio

5. ¿Quién sujetó el arca cuando los bueyes tropezaron? (6:6)
   1. Ajió
   2. **Uza**
   3. Abinadab

6. ¿A quién hirió Dios por tocar el arca? (6:6-7)
   1. **A Uza**
   2. A David
   3. A Mical

7. ¿Qué sonido se escuchaba cuando subían el arca del Señor a la Ciudad de David? (6:15)
   1. **Gritos y sonidos de trompetas**
   2. Llantos
   3. Sonidos de copas rompiéndose

8. ¿Dónde colocaron los israelitas el arca cuando llegó a la Ciudad de David? (6:17)
   1. En el palacio
   2. **En una tienda que David había erigido para ella**
   3. En el campo junto al agua

9. ¿Qué hizo David después de colocar el arca de Dios en la tienda? (6:17-18)
   1. Hizo sacrificios al Señor.
   2. Bendijo al pueblo en el nombre del Señor de los Ejércitos.
   3. **Todas las respuestas son correctas.**

10. ¿Qué le dio David a todo el pueblo cuando el arca de Dios llegó a la Ciudad de David? (6:19)
    1. Oro
    2. **Una torta de pan, una de dátiles y una de pasas**
    3. Ganado

PREGUNTAS DE REVISIÓN PARA EXAMEN BÍBLICO

PREGUNTAS DE REVISIÓN - NIVEL AZUL
(LECCIÓN DIECISIETE: 2 SAMUEL 5:6–6:19)

1. ¿Por qué David se engrandecía más y más? (5:10)

1. **Porque el Señor Dios de los Ejércitos estaba con él**
2. Porque era un guerrero habilidoso
3. Porque tenía muchos amigos
4. Porque las personas le temían

2. ¿Qué hicieron los filisteos cuando oyeron que David había sido ungido rey? (5:17)

1. **Subieron a buscarlo.**
2. Se escondieron en las montañas.
3. Lo mataron.
4. Huyeron a Jerusalén.

3. ¿Por qué David reunió a 30 000 hombres de Israel y partió de Baala? (6:1-2)

1. Para pelear contra los filisteos
2. Para derrocar al rey
3. Para ayudar a construir un templo
4. **Para subir el arca de Dios**

4. ¿Cómo celebraron David y todo Israel cuando trajeron el arca de la casa de Abinadab? (6:3-5)

1. Bebieron vino.
2. **Con toda clase de instrumentos**
3. Danzaron.
4. Eligieron no celebrar.

5. ¿Quién extendió la mano y sujetó el arca cuando los bueyes tropezaron? (6:6)

1. **Uza**
2. Ajío
3. Abinadab
4. David

6. ¿Qué sucedió cuando Uza extendió la mano y sujetó el arca? (6:7)

1. **Dios hirió a Uza y este falleció.**
2. El arca cayó sobre Uza y lo lastimó.
3. Los otros hombres extendieron sus manos y sujetaron el arca antes de que cayera.
4. David les dijo a los que llevaban el arca que se detuvieran.

7. ¿Por qué David decidió llevar el arca desde la casa de Obed-edom a la Ciudad de David? (6:12)

1. Estaban cansados de que estuviera en ese lugar.
2. **David vio cómo el Señor había bendecido a la familia de Obed-edom.**
3. Tenía miedo de que la dañaran.
4. Todas las respuestas son correctas.

8. ¿Qué hizo David cuando los que llevaban el arca dieron seis pasos? (6:13)

1. Les dijo que regresaran porque estaban perdidos.
2. **Sacrificó un toro y un carnero engordado.**
3. Les dijo que descansaran.
4. Sacrificó una cabra.

9. ¿Qué hizo Mical cuando vio que David danzaba delante del Señor? (6:16)

1. Se regocijó con él.
2. Le gritó.
3. **Lo menospreció en su corazón.**
4. Le lanzó piedras.

10. ¿Qué hizo David después de colocar el arca de Dios en la tienda? (6:17, 18)

1. Hizo sacrificios al Señor.
2. Bendijo al pueblo en el nombre del Señor de los Ejércitos.
3. Le dio a cada uno una torta de pan, una de dátiles y una de pasas.
4. **Todas las respuestas son correctas.**

Estudios Bíblicos para Niños
www.KidzFirstPublications.org

PREGUNTAS DE REVISIÓN PARA EXAMEN BÍBLICO

PREGUNTAS DE REVISIÓN - NIVEL ROJO (LECCIÓN DIECIOCHO: 2 SAMUEL 7:1-29)

1. ¿Qué le dijo Natán a David cuando hablaron sobre el arca? (7:3)
1. «No te preocupes por el arca.»
2. **«Anda, haz todo lo que está en tu corazón, porque el Señor está contigo.»**
3. «Deberías mover el arca a otro lugar.»

2. ¿Qué mensaje le dio el Señor a Natán para David? (7:4)
1. «Pon el arca en el palacio.»
2. «Deja el arca en la tienda.»
3. **«¿Me edificarás tú una casa en la que yo habite?»**

3. ¿Quién estuvo con David dondequiera que andaba y eliminó a sus enemigos de su presencia? (7:4,9)
1. **El Señor**
2. Saúl
3. Natán

4. ¿Dónde dijo el Señor que moraba desde el día que sacó a los israelitas de Egipto? (7:5-6)
1. En el palacio
2. En el país
3. **En una tienda**

5. ¿Qué dijo el Señor que le daría a su pueblo? (7:10)
1. Comida y agua
2. Riqueza y poder
3. **Un lugar donde no sea molestado más**

6. ¿Quiénes dijo el Señor que ya no oprimirían más a los israelitas? (7:10)
1. Los hijos de Saúl
2. **Los inicuos**
3. Otros reyes

7. ¿A quién dijo el Señor que levantaría después de David? (7:11-12)
1. Al nieto de Saúl
2. Al hijo de Jonatán
3. **A un descendiente de David**

8. ¿Qué dijo el Señor que nunca le quitaría al descendiente de David? (7:15)
1. Su dinero
2. Su casa
3. **La misericordia del Señor**

9. ¿Qué le pidió David al Señor que confirmara? (7:25)
1. **Su promesa**
2. El oro de Israel
3. El alimento de todo Israel

10. ¿Qué palabra usó David para describir el pacto del Señor? (7:27-29)
1. **Verdadero**
2. Hermoso
3. Honorable

Estudios Bíblicos para Niños
www.KidzFirstPublications.org

1 y 2 de Samuel

PREGUNTAS DE REVISIÓN PARA EXAMEN BÍBLICO

PREGUNTAS DE REVISIÓN - NIVEL AZUL (LECCIÓN DIECIOCHO: 2 SAMUEL 7:1-29)

1. ¿Qué le había dado el Señor a David antes de hablar con Natán sobre el arca de Dios? (7:1)
   1. **Descanso de todos sus enemigos en derredor**
   2. Una tienda en la cual descansar
   3. Un templo
   4. Hijos e hijas

2. ¿Qué le dijo David a Natán sobre el arca de Dios? (7:2)
   1. «El arca de Dios ha sido tomada por los filisteos.»
   2. «Yo vivo en una tienda mientras el arca de Dios está en el templo.»
   3. **«Yo habito en una casa de cedro, mientras que el arca de Dios habita en una tienda.»**
   4. «¿Adónde debo mover el arca de Dios?»

3. ¿Qué dijo el Señor que había hecho por David? (7:8-9)
   1. Él le había dado una casa linda.
   2. Él le había dado nuevas espadas para pelear.
   3. **Había estado con David dondequiera que había andado.**
   4. Todas las respuestas son correctas.

4. ¿Qué dijo el Señor que nunca le quitaría a la descendencia de David? (7:15)
   1. Riqueza
   2. Poder
   3. Hijos
   4. **La misericordia del Señor**

5. Después de que el Señor habló con Natán, ¿qué le dijo Natán a David? (7:17-18)
   1. Solo una parte de lo que Dios había dicho.
   2. **Todas las palabras de la visión.**
   3. No le dijo nada de lo que Dios había dicho.
   4. Le dijo que Dios estaba enojado con él.

6. ¿Qué hizo el rey David cuando Natán le habló la Palabra del Señor? (7:18)
   1. Fue a la pastura y lloró.
   2. **Entró y se sentó delante del Señor.**
   3. Reunió a todos sus ejércitos a su lado.
   4. Le dijo a Natán que no le creía.

7. ¿Cómo describió David la grandeza de Dios? (7:22)
   1. «Tú eres grande, oh SEÑOR Dios.»
   2. «No hay nadie como tú.»
   3. «No hay Dios aparte de ti.»
   4. **Todas las respuestas son correctas.**

8. ¿Qué dijo David que Dios había hecho por Israel? (7:23-24)
   1. Los había abandonado.
   2. **Había rescatado a Israel como pueblo para sí.**
   3. Los había tratado mal.
   4. Les había dicho a sus enemigos dónde encontrarlos.

9. ¿Qué le pidió David al Señor que confirmara? (7:25)
   1. El oro de Israel
   2. Toda la comida de Israel
   3. El arca del pacto
   4. **Su promesa**

10. ¿Qué palabra usó David para describir el pacto del Señor? (7:27-29)
    1. Bello
    2. Honorable
    3. **Verdadero**
    4. Bueno

Estudios Bíblicos para Niños
www.KidzFirstPublications.org

1 y 2 de Samuel

PREGUNTAS DE REVISIÓN PARA EXAMEN BÍBLICO

PREGUNTAS DE REVISIÓN - NIVEL ROJO (LECCIÓN DIECINUEVE: 2 SAMUEL 9:1-13)

1. ¿Quién dijo: «¿Hay todavía alguno que haya quedado de la casa de Saúl, a quien yo muestre bondad por amor a Jonatán?»? (9:1)

1. Saúl
2. **David**
3. Siba

2. ¿Quién dijo Siba que aún quedaba de la casa de Saúl? (9:3)

1. Un hermano de Saúl
2. Un primo de Saúl
3. **Un hijo de Jonatán**

3. ¿Cómo describió Siba al hijo de Jonatán? (9:3)

1. Muy apuesto
2. Muy joven
3. **Lisiado de ambos pies**

4. ¿Quién era Mefiboset? (9:6)

1. **El hijo de Jonatán**
2. Un amigo de los hijos de David
3. Un siervo de Saúl

5. ¿Qué hizo Mefiboset cuando vino a David? (9:6)

1. **Se postró para honrar a David.**
2. Le gritó por hacerlo salir de su casa.
3. Le preguntó su nombre.

6. ¿Qué promesas le hizo David a Mefiboset? (9:7)

1. David le devolvería todas las tierras de su padre Saúl.
2. David le permitiría comer siempre a su mesa.
3. **Todas las respuestas son correctas.**

7. ¿Quién dijo: «¿Quién es tu siervo, para que mires a un perro muerto como yo?»? (9:8)

1. Siba
2. David
3. **Mefiboset**

8. ¿Qué le pidió David a Siba que hiciera por Mefiboset? (9:9-10)

1. Que lo llevara del palacio al campo
2. **Que cultivara la tierra para él y trajera las cosechas**
3. Que le encontrara una esposa y una familia

9. ¿Qué dijo Siba cuando David le pidió que cultivase la tierra de Mefiboset? (9:11)

1. **«Tu siervo hará conforme a todo lo que mande mi señor el rey a su siervo.»**
2. «Lo siento. No puedo ayudarte.»
3. «¿Cuánto me pagarás?»

10. ¿Quiénes eran los siervos de Mefiboset? (9:12)

1. Micaías y sus hijos
2. Los siervos de David
3. **Todos los miembros de la casa de Siba**

PREGUNTAS DE REVISIÓN PARA EXAMEN BÍBLICO

PREGUNTAS DE REVISIÓN - NIVEL AZUL (LECCIÓN DIECINUEVE: 2 SAMUEL 9:1-13)

1. ¿Qué le quería mostrar David a alguien de la casa de Saúl? (9:1)
1. Su tierra
2. El oro que había escondido
3. **Bondad**
4. Todas las respuestas son correctas.

2. ¿Qué dijo Siba cuando David preguntó si aún vivía alguien de la casa de Saúl? (9:3)
1. «No queda nadie vivo.»
2. «No lo sé.»
3. «Creo que el primo de Saúl sigue vivo.»
4. **«Aún queda un hijo de Jonatán.»**

3. ¿Cómo describió Siba al hijo de Jonatán? (9:3)
1. **Lisiado de ambos pies**
2. Apuesto
3. Tímido
4. Perezoso

4. ¿Qué hizo Mefiboset cuando vino a David? (9:6)
1. Lo abrazó.
2. Tocó el arpa para él.
3. **Se postró para honrarlo.**
4. Le preguntó si tenía algo de comida.

5. ¿Qué promesas le hizo David a Mefiboset? (9:7)
1. David le mostraría bondad por amor a Jonatán.
2. David le devolvería la tierra de Saúl.
3. David le permitiría comer siempre en su mesa.
4. **Todas las respuestas son correctas.**

6. ¿Quién dijo: «¿Quién es tu siervo, para que mires a un perro muerto como yo?»? (9:8)
1. David
2. Siba
3. Jonatán
4. **Mefiboset**

7. ¿Qué le dijo David a Siba que hiciera por Mefiboset? (9:9-10)
1. Que lo llevara de la mesa a la cama
2. Que hallara algunos amigos para él
3. **Que labrara la tierra para él y almacenara los productos**
4. Todas las respuestas son correctas.

8. ¿Qué dijo Siba cuando David le pidió que cultivase la tierra de Mefiboset? (9:11)
1. «¿Cuánto me pagarás?»
2. «No puedo ayudarte.»
3. «Encontraré alguien que lo haga.»
4. **«Tu siervo hará conforme a todo lo que mande mi señor el rey a su siervo.»**

9. ¿Quiénes eran los siervos de Mefiboset? (9:12)
1. Solo Siba
2. Los amigos de David
3. **Todos los miembros de la casa de Siba**
4. Solo Jonatán

10. ¿Quién comió a la mesa de David como uno de los hijos del rey? (9:11)
1. Siba
2. **Mefiboset**
3. Jonatán
4. Saúl

Estudios Bíblicos para Niños
www.KidzFirstPublications.org

1 y 2 de Samuel

PREGUNTAS DE REVISIÓN PARA EXAMEN BÍBLICO

PREGUNTAS DE REVISIÓN - NIVEL ROJO
(LECCIÓN VEINTE: 2 SAMUEL 11:1-17, 26-27; 12:1-10, 13-25)

1. Mientras David estuvo en Jerusalén, ¿a quién envió para dirigir el ejército israelita? (11:1)
1. A Natán
2. **A Joab**
3. A Urías

2. Cuando Urías llegó a Jerusalén de la guerra, ¿qué le dijo David que hiciera? (11:8)
1. «Ve a tu casa y ve a tu esposa.»
2. «Regresa al campo de batalla.»
3. **«Desciende a tu casa y lava tus pies.»**

3. ¿Qué hizo Betsabé cuando oyó que Urías había muerto? (11:26)
1. **Hizo duelo por su marido.**
2. Estaba feliz.
3. Le gritó al rey.

4. En la historia que Natán le contó a David, ¿qué sentía el hombre pobre por su corderita? (12:3)
1. **Era como una hija para él.**
2. Era solo una mascota.
3. Era solo una cordera.

5. ¿Qué sucedió con David cuando escuchó la historia que Natán le contó? (12:5)
1. **Se encendió en gran manera su ira.**
2. Lloró.
3. Le pidió a Natán que trajera ante él a aquel hombre rico.

6. ¿Qué sucedería con el hijo de David por el pecado de su padre? (12:14)
1. Su hijo sería llevado a otra tierra.
2. **Su hijo moriría.**
3. Su hijo sería pobre.

7. ¿Qué pasó con el hijo de David cuando Natán regresó a la casa? (12:15)
1. Se cayó.
2. Huyó.
3. **Se enfermó.**

8. ¿Qué hizo David cuando su hijo se enfermó? (12:15-16)
1. Regresó a la batalla.
2. **Le rogó a Dios por el niño y ayunó.**
3. Todas las respuestas son correctas.

9. ¿Qué hizo David después de la muerte de su hijo? (12:20)
1. **Fue a la casa del Señor y adoró.**
2. Ayunó y lloró.
3. Hizo un banquete.

10. ¿Qué le dijeron los sirvientes de David cuando comió después de la muerte de su hijo? (12:20-21)
1. «Mientras el niño vivía, ayunabas y llorabas.»
2. «Ahora que ha muerto, te levantas y comes.»
3. **Todas las respuestas son correctas.**

PREGUNTAS DE REVISIÓN PARA EXAMEN BÍBLICO

PREGUNTAS DE REVISIÓN - NIVEL AZUL
(LECCIÓN VEINTE: 2 SAMUEL 11:1-17, 26-27; 12:1-10, 13-25)

1. ¿A qué mujer envió a buscar David mientras estaba en Jerusalén y su ejército se había ido a la guerra? (11:13)
1. **A Betsabé**
2. A Abigail
3. A Mical
4. A Rut

2. ¿Dónde durmió Urías la primera noche al volver de la batalla? (11:9)
1. En su casa
2. En el bosque
3. **A la puerta del palacio**
4. En una tienda en la ciudad

3. ¿Dónde puso Joab a Urías en la batalla? (11:16)
1. **Donde sabía que estaban los hombres más valientes**
2. En el fondo
3. En el lugar más seguro
4. Junto a Joab

4. ¿Qué hizo Betsabé una vez terminado el tiempo de luto por Urías? (11:27)
1. Se mudó lejos.
2. **David envió a traerla a su palacio, ella vino a ser su mujer y le dio a luz un hijo.**
3. Se escondió en su casa y no volvió a salir.
4. Despidió a sus siervos.

5. En la historia que Natán le contó a David, ¿cómo trataba el hombre pobre a su corderita? (12:3)
1. La crio.
2. Creció con sus hijos.
3. Compartía su comida con ella.
4. **Todas las respuestas son correctas.**

6. ¿Con quién comparó Natán al hombre rico de la historia? (12:7)
1. Con Saúl
2. **Con David**
3. Con Jonatán
4. Con Urías

7. ¿Qué respondió David cuando Natán lo reprendió? (12:13)
1. **«He pecado contra el Señor.»**
2. «No he hecho nada malo.»
3. «¿Por qué me reprendes?»
4. «No me molestes.»

8. ¿Qué hizo David cuando su hijo se enfermó? (12:15-16)
1. Pasó el día en el campo de batalla.
2. **Le rogó a Dios por el niño y ayunó.**
3. Adoró al Señor.
4. Todas las respuestas son correctas.

9. ¿Qué hizo David cuando supo que su hijo había muerto? (12:20)
1. Invitó a mucha gente a su casa.
2. **Fue a la casa del Señor y adoró.**
3. Se negó a comer o beber.
4. Estaba triste y no salió de su habitación.

10. ¿Qué nombre le pusieron David y Betsabé a su segundo hijo? (12:24)
1. Saúl
2. **Salomón**
3. Jonatán
4. David

Estudios Bíblicos para Niños
www.KidzFirstPublications.org

1 y 2 de Samuel

ACTIVIDADES DE VERSÍCULOS PARA MEMORIZAR

PALABRAS QUE FALTAN

Para esta actividad necesitará una pizarra para gis o tiza, un pizarrón blanco o un papel. También necesitará tiza, rotulador y borrador.

Escriba el versículo para memorizar en la pizarra o en el pizarrón blanco. Pida a los niños que reciten el versículo. Elija a un voluntario para que borre una palabra. Dirija a los niños mientras recitan el versículo de nuevo (incluyendo la palabra que falta). Continúe así hasta que desaparezcan todas las palabras. Si no se dispone de una pizarra o marcador, escriba cada palabra del versículo en un papel aparte y pida a los niños que eliminen una palabra a la vez.

OLA BÍBLICA

Pida a los niños que se sienten en línea recta. Dígale al primer niño que se ponga de pie, que diga la primera palabra del versículo, que agite ambas manos en el aire con entusiasmo y que se siente. Pide al segundo niño que se ponga de pie, que diga la segunda palabra del versículo, que agite ambas manos en el aire y que se siente. Continúe hasta que el versículo esté completo. Si a un niño se le olvida una palabra o dice una palabra equivocada, deje que los otros niños digan la palabra correcta. Anime a los niños a decir el versículo rápidamente para que sus movimientos parezcan una ola del mar.

PASE DE LA BIBLIA

Para esta actividad necesitará una Biblia y un dispositivo que reproduzca música.

Pida a los niños que se sienten en círculo. Dele a un niño la Biblia. Cuando empiece la música, dígales que se pasen la Biblia alrededor del círculo. Cuando la música se detenga, el niño que tiene la Biblia dirá el versículo bíblico. Detenga estratégicamente la música para que todos los niños tengan la oportunidad de decir el versículo.

CARRERA DE VERSÍCULOS BÍBLICOS

Antes de la lección, escriba cada palabra o frase del versículo bíblico y la referencia en un papel. Haga dos juegos.

Divida la clase en dos equipos. Revuelva las tarjetas para que las palabras estén desordenadas. Coloque un juego de tarjetas de palabras en el suelo delante de cada equipo. A su señal, el primer niño de cada equipo buscará la primera palabra del verso y correrá hasta la línea de meta. Colocará la tarjeta en el suelo y correrá hasta el segundo jugador. El segundo niño buscará la segunda palabra del verso y correrá con ella hasta la línea de meta, colocándola en orden junto a la primera palabra. Continúe hasta que un equipo complete el versículo en un orden perfecto. Dé tiempo para que el segundo equipo complete su versículo. Después, haga que ambos equipos reciten el versículo juntos.

Estudios Bíblicos para Niños
www.KidzFirstPublications.org

1 y 2 de Samuel

LÍNEA DEL VERSÍCULO BÍBLICO

Antes de la lección, escriba cada palabra o frase de un versículo bíblico en una hoja de papel por separado.

Reparta las palabras a diferentes niños y distribúyalas por toda la sala. Elija a un niño para que ponga las palabras en orden, tocando a cada uno de los niños que tengan las palabras. Luego pida a la clase que lea el versículo en conjunto.

LAS ESCONDIDAS

Antes de la lección, escriba cada palabra o frase de un versículo bíblico en una hoja de papel por separado. Luego esconda las hojas de papel por el aula antes de que lleguen los niños.

Haga que los niños busquen las hojas de papel en la sala y las traigan al frente. Pídales que coloquen las palabras en orden y luego pida a la clase que recite el versículo en conjunto.

VERSÍCULOS DE PIE

Coloque a los niños en un círculo y pídales que se sienten. Pida a un niño que se ponga de pie y diga la primera palabra del versículo y luego se siente. El siguiente niño se pondrá de pie, dirá la segunda palabra y se sentará. Continúe hasta que los niños completen el versículo. Repita el juego varias veces, animando a los niños a terminar más rápido que la vez anterior.

CAMPEÓN Y RETADOR

Elija a dos niños que crean saber el versículo para memorizar. Póngalos espalda con espalda frente al grupo. Uno de los niños comenzará diciendo la primera palabra del versículo. Luego, el otro niño dirá la segunda palabra. Continúe así hasta que uno de los niños se equivoque. El otro niño será el «campeón». Pida a toda la clase que diga el versículo de memoria. Luego, seleccione a un nuevo «retador» y repita el juego. Pronto, ambos niños serán capaces de completar el verso de memoria sin errores.

DESAFÍO CON LOS OJOS VENDADOS

Necesitará una venda para los ojos para esta actividad. Pida a los niños que se pongan de pie y formen un gran círculo.

Seleccione a un niño para que se sitúe en el centro del círculo. Póngale una venda en los ojos. Pida a los niños del círculo que se tomen de las manos y caminen alrededor del círculo mientras repiten la frase «La Palabra de Dios me ayuda cada día» varias veces. Esto evitará que el niño del centro recuerde dónde estaba cada niño en el círculo. Detenga a los niños y pida al niño del centro que señale a un niño del círculo. Ese niño recitará el versículo fingiendo el tono de (voz aguda, voz chillona, voz grave, etc.). El niño del centro intenta entonces adivinar quién ha dicho el versículo. Si el

niño no adivina correctamente, señalará a otro niño que dirá el versículo. Continúe hasta que el niño del centro adivine al niño correcto o hasta que el niño se equivoque tres veces. Entonces elija a otro niño para que pase al centro.

LANZAMIENTO DE VERSÍCULOS DE MEMORIA

Necesitará una pelota pequeña para esta actividad. Pida a los niños que se pongan de pie y se coloquen en un círculo grande.

Dígales que quien atrape la pelota tiene que decir la siguiente palabra del versículo para memorizar. Lance la pelota a un niño para empezar. Éste recita la primera palabra y luego lanza la pelota a otro niño hasta que reciten correctamente todo el versículo. Repita el juego y anime a los niños a completar el versículo más rápido cada vez.

LA PALABRA EN ACCIÓN

Antes de la lección, escriba una acción diferente en hojas de papel o fichas separadas, como «girar en círculo», «tumbarse en el suelo», «dar palmaditas en la cabeza», «pararse con un solo pie», «saltar», «ponerse en una esquina», «susurrar», etc.

Pida a cada niño que elija una de las fichas y que realice la actividad indicada en ella mientras recita el versículo de memoria.

EL REPETIDOR

Antes de la lección, escriba una o dos palabras del versículo en un papelito. Haga más de un juego si quiere trabajar en grupos, un juego por grupo.

Indique a los alumnos que se sienten en círculo y distribuya los papeles alrededor del círculo en el orden correcto del versículo. El alumno con la primera palabra del versículo dice la primera palabra. Después, el siguiente alumno dice la primera palabra y la nueva palabra. El tercer alumno dice la primera, la segunda y la tercera palabra. Repita este proceso, añadiendo una nueva palabra cada vez. Una vez completado el versículo, pida a los alumnos que pasen su tarjeta a la persona de su izquierda y comience de nuevo el juego.

REPASO DE LA TELARAÑA

Necesitará un ovillo de hilo para esta actividad.

Indique a los niños que se coloquen en círculo. Lance el ovillo a un niño y pídale que diga la primera palabra del versículo. El niño envolverá el hilo en su mano y lanzará el ovillo a otro niño al otro lado del círculo. Este niño dirá la segunda palabra del versículo y enrollará el hilo alrededor de su dedo. Continúe jugando y diciendo las palabras del versículo hasta que todos los niños tengan un turno. El movimiento de ida y vuelta del hilo producirá una telaraña.

REVENTAR GLOBOS

Necesitará globos, un rotulador permanente y cinta adhesiva.

Infle los globos. Escriba una palabra del versículo bíblico en cada globo. Pegue los globos a la pared en el orden correcto. Deje que los niños lean juntos el versículo. Seleccione a un niño para que reviente un globo. Pida a los niños que vuelvan a recitar el versículo y que recuerden decir la palabra que falta. Elija a otro niño para que reviente un globo. Pida a los niños que repitan el versículo. Continúe hasta que se acaben los globos y los niños puedan recitar el versículo de memoria.

JUEGO DE MEMORIA DE CARAS FELICES

Escriba cada palabra o frase de un versículo bíblico en un plato de papel o en un trozo de papel circular.

Distribuya los platos a los niños y pídales que dibujen una cara feliz en el lado blanco del plato (círculo). Fije los platos a la pared para que los niños puedan ver las palabras del versículo. Lean juntos el versículo. Elija a un niño para que le dé la vuelta a uno de los platos para que se vea la cara feliz. Luego, pida a los niños que lean el versículo. Elija a otro niño para que le dé la vuelta a otro plato. Repita el versículo. Continúe hasta que todos los platos muestren caras felices y los niños puedan recitar el versículo de memoria.

DESCIFRAR EL VERSÍCULO BÍBLICO

Escriba cada palabra o frase de un versículo bíblico en una hoja de papel o en una tarjeta.

Distribuya las tarjetas con las palabras mezcladas. Deje que los niños se organicen en un círculo en el orden correcto según la parte del versículo que recibieron. Pida a los niños que digan juntos el versículo. Después, pida a uno de los niños que le dé la vuelta a la tarjeta, de modo que los otros niños no puedan ver su palabra. Pídales que vuelvan a decir el versículo. Continúe de esta manera hasta que todas las tarjetas se den vuelta y no se vea ninguna palabra.

También se puede jugar como una carrera entre dos o más equipos para ver cuál es el primero en colocar las palabras del versículo en el orden correcto.

CERTIFICADO DE FINALIZACIÓN

ESTE PREMIO ES PARA

Felicitaciones por completar con éxito
**Niños Primeros
1 & 2 Samuel**

LUGAR

MAESTRO

FECHA

RECONOCIMIENTO A LA EXCELENCIA

ESTE PREMIO ES PARA

¡Gran trabajo! Reconocemos sus destacados logros en
**Niños Primeros
1 & 2 Samuel**

MAESTRO

LUGA

FECHA

REGISTRO DE ASISTENCIA

NOMBRE DEL NIÑO	1	2	3	4	5	6	7	8	9	10	11	12	13	14	15	16	17	18	19	20

Tabla de Puntaje del Esgrima Infantil

Instrucciones:

En el Esgrima Básico se usan las preguntas 1-15. En el Esgrima Avanzado se usan 20 preguntas. Lea las Reglas y Procedimientos Oficiales para ver las instrucciones completas.

Iglesia/Nombre del Equipo: _____

Nombres:

Vuelta 1	1	2	3	4	5	6	7	8	9	10	11	12	13	14	15	16	17	18	19	20	Total

Puntos Adicionales del Equipo:

Puntaje Total del Equipo

Nombres:

Vuelta 2	1	2	3	4	5	6	7	8	9	10	11	12	13	14	15	16	17	18	19	20	Total

Puntos Adicionales del Equipo:

Puntaje Total del Equipo

Nombres:

Vuelta 3	1	2	3	4	5	6	7	8	9	10	11	12	13	14	15	16	17	18	19	20	Total

Puntos Adicionales del Equipo:

Puntaje Total del Equipo

www.ingramcontent.com/pod-product-compliance
Lightning Source LLC
Chambersburg PA
CBHW081429070526
44586CB00020B/2532